Idee: Émilie Beaumont
Text: Philippe Simon, Marie-Laure Bouet
Illustrationen: MM Comunicazione: M. Cappon, M. Favilli, G. Sbragi, C. Scutti, François Vincent
Übersetzung aus dem Französischen: Regina Enderle
Fachlektorat der deutschen Ausgabe: Petra Hugenschmidt
Covergestaltung: Marlies Müller

Tandem Verlag GmbH,
Birkenstraße 10, D-14469 Potsdam
Gesamtherstellung: Tandem Verlag GmbH, Potsdam

Titel der französischen Ausgabe: Imagia, Merveilles du monde

ISBN 978-3-8427-0428-2

DIE WELT ENTDECKEN

WELTWUNDER

tandem.VERLAG
print line

Die sieben Weltwunder

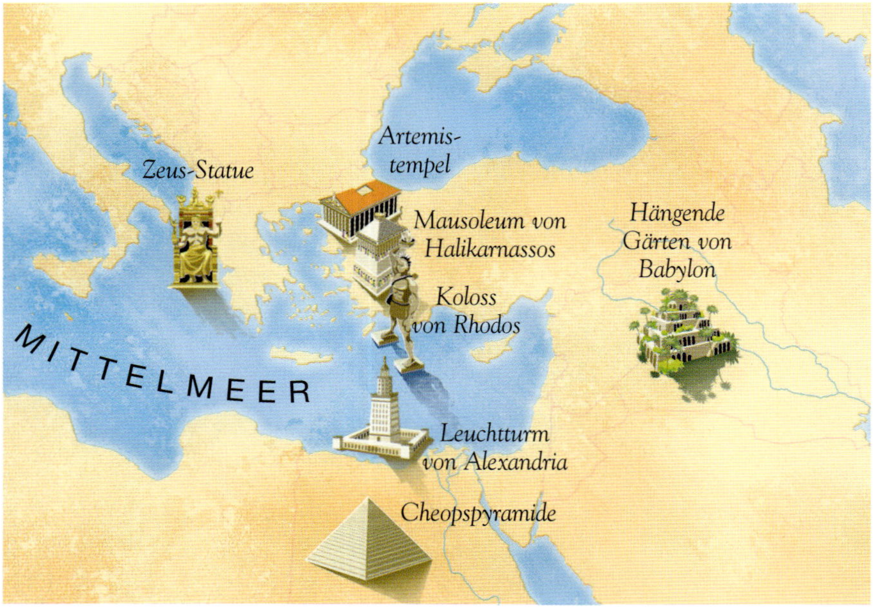

Die Liste der sieben Weltwunder der Antike geht auf die Griechen zurück. Die Bauwerke stammen alle aus Ländern, die vom griechischen Herrscher Alexander dem Großen im 4. Jahrhundert v. Chr. erobert worden waren.

Die sieben Bau- und Kunstwerke, die als Weltwunder bekannt sind, wurden zwischen 2590 und 299 v. Chr. geschaffen. Sie wurden wegen ihrer außergewöhnlichen Schönheit bewundert. Mit Ausnahme der Cheopspyramide ist heute leider keines mehr erhalten.

Was sind die sieben Weltwunder?

Sie stammen alle aus dem östlichen Mittelmeerraum. Das älteste Bauwerk ist die Große Pyramide des Pharaos Cheops in Giseh. Als weitere Weltwunder gelten die Hängenden Gärten von Babylon, der Tempel der Göttin Artemis in Ephesos, der Grabtempel von König Mausolos in Halikarnassos, die Zeusstatue in Olympia, der Koloss von Rhodos und der Leuchtturm vor dem Hafen von Alexandria.

Wer stellte die Liste der Weltwunder zusammen?

Die erste vollständige Liste der sieben Weltwunder der Antike findet sich bei Antipatros von Sidon, der sie um 130 v. Chr. in seinen Reiseführer über Großgriechenland aufnahm. Einigen Historikern zufolge soll er sie aus mehreren älteren Listen zusammengestellt haben.

Philon von Byzanz beschrieb sie im 5. oder 6. Jahrhundert n. Chr. in seinem Werk über „Die sieben Wunder der Welt". Man sucht darin vergebens nach anderen großen Bauwerken des Altertums wie der Chinesischen Mauer, da die Griechen sie schlichtweg nicht kannten.

Liebe zur Kunst

Es ist nicht erstaunlich, dass ausgerechnet die Griechen eine solche Liste erstellten. Sie waren große Kunst- und Architekturliebhaber. In ihren Augen waren die sieben Kunst- und Bauwerke die größten, schönsten und technisch gesehen vollkommensten Werke ihrer Zeit.

Woher weiß man von den zerstörten Weltwundern?

Zahlreiche griechische und römische Geschichtsschreiber und Architekten besuchten die Kunstwerke vor ihrer Zerstörung und beschrieben sie eingehend. Diese literarischen Zeugnisse wurden im 15. und 16. Jahrhundert wiederentdeckt.

Die Cheopspyramide

Die Große Pyramide von Cheops in Ägypten ist das älteste der sieben antiken Weltwunder. Sie wurde um 2590 v. Chr. errichtet. 4000 Jahre lang war sie das höchste Bauwerk der Welt.

Die Grabstätte des Pharaos Cheops

Die größte aller Pyramiden von Ägypten hat sich den Titel eines Weltwunders wahrhaft verdient. Auch mehr als 4000 Jahre nach ihrer Erbauung gelingt es ihr, die vielen Besucher in Erstaunen zu versetzen. Das 146,60 m hohe und 230,50 m breite Bauwerk wurde als Grabstätte für Pharao Cheops, der zwischen 2600 und 2580 v. Chr. regierte, errichtet. Dafür wurden ungefähr 2,3 Millionen Steinblöcke verbaut!

Warum wählte der Pharao Giseh als Standort?

Der Ort liegt am Westufer des Nils und ist nur wenige Kilometer von Memphis, der damaligen Hauptstadt Ägyptens, entfernt. Aus dem vor Ort vorhandenen Kalkstein wurde ein Teil der für den Bau benötigten Steinblöcke geschlagen. Über einen Kanal konnten die Boote bis an den Fuß der Baustelle gelangen und dort die Granitsteine abladen, die in den Steinbrüchen von Assuan in knapp 1000 km Entfernung abgebaut wurden.

Nach den vier Himmelsrichtungen ausgerichtet

Vor Baubeginn zeichneten die Architekten den Grundriss auf den Boden. Jede Ecke der Pyramide weist in eine der vier Himmelsrichtungen. Die Priester orientierten sich dabei am Polarstern im Norden. Anschließend wurde der Untergrund eingeebnet. Da der Bau exakt waagerecht liegen musste, behalf man sich mit einem einfallsreichen System von Rinnen, die mit Wasser gefüllt waren. Die auf diese Weise erzielte Genauigkeit ist erstaunlich, denn der gesamte Baugrund weist nur einen Höhenunterschied von 2 cm auf.

Wer arbeitete an der Pyramide?

Die Arbeiter waren nicht, wie häufig angenommen, Sklaven, sondern Steinhauer und Bauern. Während des Nilhochwassers, wenn die Felder überschwemmt waren und nicht bestellt werden konnten, kamen sie zum Arbeiten auf die Baustelle. Der Pharao brachte die Hand-

Mit Wasser brachte man die Holzkeile zum Quellen. Sie übten Druck auf das Gestein aus, sodass es sich spaltete.

werker in einem eigenen Dorf unter, in dem er ihnen Lebensmittel und Wohnraum stellte. Vermutlich bauten 20 000 bis 30 000 Arbeiter rund 20 Jahre lang an der Cheopspyramide.

Wie wurden die Steine herausgeschlagen?

Die Steinhauer hatten neben Meißeln aus Kupfer und Hämmern aus Stein kaum Werkzeuge. Wahrscheinlich schlugen sie die gewaltigen Steinblöcke aus dem Gestein, indem sie Löcher bohrten, in die sie Holzkeile steckten. Mit Wasser brachten sie das Holz zum Quellen, bis das Gestein schließlich dem Druck nachgab und die Steinblöcke sich abspalteten. Vor Ort auf der Baustelle wurden die Blöcke mit Linealen, Winkeln und Senkloten behauen. Sie mussten sorgfältig bearbeitet werden, damit sie genau aneinander passten. In den Spalt zwischen zwei Blöcken passt nicht einmal eine Messerklinge.

Wie wurden die Steinblöcke an ihren Platz gehievt?

Die Ägypter kannten weder Flaschenzüge noch Kräne; sie mussten die Steine selbst ziehen. Die Archäologen gehen davon aus, dass die Blöcke auf Schlitten oder Rundhölzer gelegt und von Arbeitern über eine Rampe aus luftgetrockneten Lehmziegeln gezogen wurden. Die Rampe musste dem jeweiligen Stand der Bauarbeiten immer wieder angepasst werden. Nach Vollendung des Bauwerks wurde sie abgerissen. Die schwersten Steine, die bis zu 5 Tonnen wiegen, liegen im unteren Teil der Pyramide, die leichteren im oberen Bereich.

Die Kammer des Pharaos im Herzen der Pyramide

Während in allen anderen Pyramiden die Grabkammer

des Pharaos unterirdisch angelegt wurde, befindet sie sich in der Cheopspyramide im Herzen des Bauwerks. Für diese bauliche Meisterleistung mussten die Architekten eine Möglichkeit finden, die Decke abzustützen. Zu diesem Zweck ließen sie fünf gewaltige Träger aus Granit mit je 40 Tonnen Gewicht legen. Zur Königskammer führt die Große Galerie, die 47 m lang, 2,10 m breit und 8,70 m hoch ist. Der Sarkophag des Königs, ebenfalls aus Granit, ist breiter als die Tür zur Kammer. Er muss daher vor dem Bau der Kammer aufgestellt worden sein.

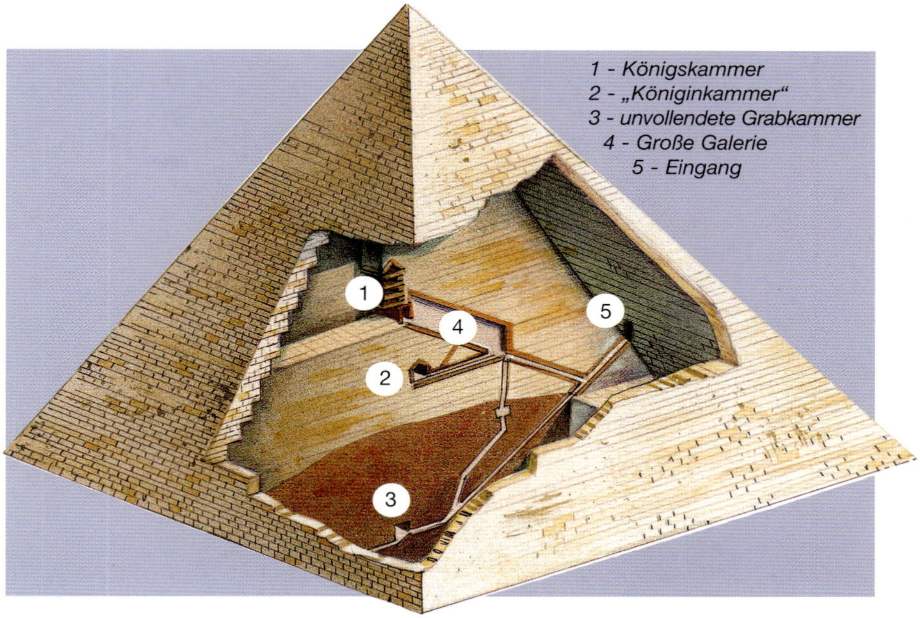

Innerhalb der Großen Pyramide wurden drei Grabkammern angelegt: die Grabkammer des Pharaos, die sogenannte „Königinkammer" und eine unterirdische Kammer, die nie vollendet wurde.

Verkleidung aus Kalkstein
Die Pyramide sollte außen ebenmäßig und glatt sein und in der Sonne strahlen. Dafür wurde sie mit einer Verkleidung aus weißem Kalkstein versehen. Die Spitze war mit Gold überzogen.

Archäologen vermuten, dass 20 000 bis 30 000 Arbeiter rund 20 Jahre lang auf der riesigen Baustelle arbeiteten, bis die Pyramide vollendet war.

Die Hängenden Gärten

Eine Ansicht von Babylon mit seiner imposanten Stadtmauer, dem prachtvollen Ischtartor und den Hängenden Gärten im Hintergrund.

Die prachtvollen Hängenden Gärten von Babylon im heutigen Irak sind das zweite Weltwunder. Der Legende nach wurden sie im 6. Jahrhundert v. Chr. angelegt. Historiker bezweifeln jedoch ihre tatsächliche Existenz.

Babylon, die Stadt der Wunder

Von allen Städten der Antike ist Babylon vermutlich die beeindruckendste. Ab 600 v. Chr. ließ König Nebukadnezar II. die Stadt mit einer außergewöhnlichen Stadtmauer umgeben. Prächtige Stadttore bildeten den Eingang zur Stadt. Zu ihnen zählte auch das 14 m hohe Ischtartor, das mit blau glasierten Kacheln, auf denen 600 Drachen und Stiere dargestellt waren, dekoriert war. Die Stadt in der Wüste besaß außerdem wunderschöne Gärten, in denen hunderte verschiedener Pflanzen- und Baumarten wuchsen.

Gärten für die Königin

Ein Stück hinter dem Ischtartor ließ Nebukadnezar auf fünf Terrassen ausgedehnte Gärten anlegen, wobei die oberste Ebene in 25 m Höhe lag. Aufgrund dieser Anordnung wurden sie „Hängende Gärten“ genannt. Sie waren ein Geschenk an Königin Amytis, die sich in der Wüste, die Babylon umgab, langweilte. Die Gärten sollten sie an die Berge ihrer Heimat im heutigen Iran erinnern.

Wasserdichte Mauern

Dicke Mauern und Pfeiler stützten die einzelnen Terrassen ab. Vor der Befüllung mit Erde wurden die Etagenböden mit einem Gemisch

von Babylon

Es ist ungewiss, ob die Gärten von Babylon tatsächlich existierten, doch dieses Flachrelief aus Mesopotamien zeigt, dass üppige Gärten bei den Babyloniern sehr beliebt waren.

aus Schilfrohr und Bitumen ausgekleidet. Darunter befanden sich zwei Ziegelreihen, die mit Blei beschichtet waren. Auf diese Weise konnte das Wasser nicht versickern und die Erde blieb länger feucht.

Woher kam das Wasser für die Pflanzen?

Das Wasser für die Springbrunnen, Wasserfälle und Bäche, die von den obersten Terrassen nach unten flossen, stammte aus dem Fluss Euphrat, an dem Babylon lag. Es wurde über Kanäle zu den Gärten geleitet und anschließend auf den Gipfel befördert: Zunächst wurde das Wasser mit Eimern, die an einem Seil hingen, geschöpft, was eine beträchtliche Arbeitsleistung war, später wurde es dank einer Erfindung von Archimedes von Wasserschrauben, die mit Muskelkraft betrieben wurden, nach oben transportiert.

Üppige und artenreiche Pflanzenwelt

In den Gärten wuchsen Palmen, Ebenholzbäume, Zypressen, Zedern, Eichen, Eschen und Weiden. In ihrem Schatten konnten sich viele Pflanzenarten entfalten. Neben Myrte, Wacholder und Weinreben gab es auch Bäume mit Pflaumen, Birnen, Quitten, Feigen oder Granatäpfeln. Der König und seine Gemahlin liebten es, in den Gärten spazieren zu gehen und sich an kühlen Orten auszuruhen.

Das Geheimnis der Gärten

Die Hängenden Gärten von Babylon faszinierten die Menschen schon in der Antike. Doch bis heute fand man bei Ausgrabungen keinerlei Hinweise auf ihre Existenz. Mehrere Flachreliefs aus jener Zeit beweisen jedoch, dass es in anderen Städten der Region üppige Gärten gab.

Mit der schneckenförmigen „Archimedischen Schraube“, die es seit dem 3. Jahrhundert v. Chr. gab, konnte das Wasser von den Kanälen in die Gärten befördert werden. Sie befand sich in einem hohlen Palmstamm, der als Rohr diente.

Der Artemis-Tempel

Der Tempel und sein Grundriss

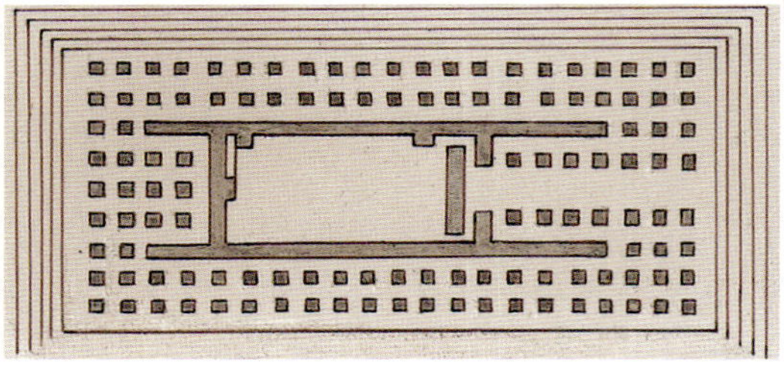

Der der Göttin Artemis geweihte Tempel war der größte und am reichsten geschmückte Tempel seiner Zeit. Er wurde im 6. Jahrhundert v. Chr. in der heutigen Türkei errichtet.

Der größte Tempel aus Marmor

Der Artemis-Tempel wurde um 550 v. Chr. im griechischen Hafen Ephesos errichtet. Die Pracht der beim Bau verwendeten Steine erstaunte die Besucher, denn der Marmor strahlte hell in der Sonne und widerstand allen Witterungseinflüssen. Auch die Größe des Tempels war beeindruckend: Er war 115 m lang und 55 m breit. Das Dach wurde von 127 Säulen getragen, die je 18 m hoch waren. König Krösus, der reiche Herrscher des benachbarten Lydien, und die Bewohner von Ephesos ließen diesen Tempel errichten, den sie der Göttin Artemis weihten, der Tochter von Zeus und Zwillingsschwester von Apollon. Sie war die Göttin der Fruchtbarkeit und der Jagd.

Was macht den Tempel so besonders?

Den Eindruck von enormer Größe verstärkten die Architekten dadurch, dass sie die Säulen nach oben verjüngten, das heißt ihren Durchmesser verringerten. Auf diese Weise erschien der Tempel höher als er tatsächlich war. Diese Wirkung wurde durch die 24 Rillen oder Kanneluren verstärkt, die in jeden Säulenschaft eingearbeitet waren.

Reiche Verzierungen

Die Fassade des Tempels war reich verziert. Der Sockel jeder Säule war mit 3 m hohen

in Ephesos

Der Transport der Querträger

Reliefs von Götterstatuen geschmückt, die rot, blau und golden bemalt waren. Im Giebeldreieck waren mythologische Szenen dargestellt. Der Tempel beherbergte im Innenraum eine Kultstatue von Artemis, die mit Gold und Elfenbein überzogen war.

Gewinnung und Transport der Steine

Die Steine stammten aus einem Marmorsteinbruch, der 12 km von der Baustelle entfernt war. Beim Transport behalfen sich die Arbeiter mit einfallsreichen Methoden: Die einzelnen Marmorblöcke, aus denen die Säulen bestanden, wurden direkt vor Ort behauen. Auf beiden Seiten der Blöcke wurden Eisenstangen eingeschlagen, an denen man Seile befestigte. Nun konnten die Steine von Ochsen gezogen werden. Mit Kränen und Flaschenzügen, die von den Arbeitern bedient wurden, hievte man die Blöcke hoch auf ihren Platz. Die Querträger, so genannte Architrave, von knapp 4 m Länge und einem Gewicht von 40 Tonnen wurden zwischen zwei Holzrädern befestigt und ebenfalls von Ochsen gezogen. Über eine Rampe aus Sandsäcken wurden die Steinbalken nach oben befördert, sodass man sie auf die Säulen legen konnte. Bis zur Vollendung dieser riesigen Baustelle vergingen nahezu hundert Jahre.

Abgebrannt, wieder aufgebaut und geplündert

Der Tempel wurde zum ersten Mal 356 v. Chr. durch Brandstiftung zerstört. Von den Ephesiern prachtvoll wieder aufgebaut wurde er 263 n. Chr. von den Goten, die das Land eroberten, geplündert. Ein Jahrhundert später benutzte man seine Steine bei der Errichtung anderer Bauwerke. Einige von ihnen sollen beim Bau der Kirche *Hagia Sophia* in Konstantinopel (siehe S. 48) verwendet worden sein.

Die Entdeckung der Fundamente

Dass der Tempel tatsächlich existierte, bewies der britische Architekt John Turtle Wood, als er 1870 die Fundamente und eine Säule fand. Ein mit Statuen verziertes Sockelrelief wurde ins British Museum nach London gebracht.

Das Sockelrelief einer Säule befindet sich heute in London.

Das Mausoleum

Das prachtvolle Bauwerk wurde 353 v. Chr. in Halikarnassos in der heutigen Türkei errichtet und diente als Grabtempel für König Mausolos II. Vor 500 Jahren wurde es zerstört und nahezu vollständig abgetragen.

Mausolos, König von Karien

Mausolos war der Herrscher des Reiches Karien im Westen der heutigen Türkei. Er gründete die Stadt und den Hafen Halikarnassos und verschönerte die Stadt während seiner Regierungszeit fortwährend. Als Mausolos 353 v. Chr. starb, beschloss seine Schwester und Gemahlin Artemisia, einen gewaltigen Grabtempel als letzte Ruhestätte für seine Asche errichten zu lassen. Die Königin starb vor Fertigstellung der Arbeiten, doch der Legende zufolge führten die Arbeiter den Bau bis 332 v. Chr. fort. Bis heute ist ungewiss, ob das Mausoleum je fertiggestellt wurde.

Unter dem gewaltigen Bauwerk ruhte die Asche von König Mausolos.

in Halikarnassos

Die Griechen im Kampf, Bildnisse von Mausolos, Jagdszenen, die Königsfamilie, wachende Löwen usw. Die unterschiedlichsten Themen wurden auf den einzelnen Stufen des imposanten Mausoleums dargestellt.

Hunderte von Statuen

Das Mausoleum zierten unzählige Statuen aus Marmor. Unter Anleitung der besten griechischen Bildhauer hauten Arbeiter Personen und Tiere in zwei- bis dreifacher Lebensgröße aus dem Stein. Die Bildhauer zeichneten die Umrisse auf den Marmorblock und die Arbeiter klopften anschließend das umgebende Gestein weg. Die fertige Marmorstatue wurde mit Sand poliert, damit der Marmor heller erstrahlte.

Die Zerstörung

Das Mausoleum stand bis zum Ende des 15. Jahrhunderts. Erdbeben brachten das Bauwerk zum Einsturz und schließlich wurde es von den Kreuzrittern zerschlagen. Seine Steine wurden beim Bau der Stadtmauer von Bodrum in der heutigen Türkei verwendet. Im Jahr 1846 fand ein britischer Archäologe einige Teile der Fresken und zwei Statuen.

Herkunft des Wortes Mausoleum

Ein großer Grabtempel wird heute nach dem Grabbau von König Mausolos als Mausoleum bezeichnet.

Unter Aufsicht des Bildhauers und nach seinen Zeichnungen arbeiteten die Steinhauer an den monumentalen Statuen, die das Grab schmückten.

Die Zeus-Statue

Die Kolossalstatue des Gottes Zeus stand im Zeustempel von Olympia in Griechenland. Man kennt das Kunstwerk aus Beschreibungen und Darstellungen auf Geldmünzen.

Im griechischen Olympia wurde im 5. Jahrhundert v. Chr. die gewaltige Statue von Zeus aufgestellt, die mit Gold und Elfenbein überzogen war. Sie wurde im 5. Jahrhundert n. Chr. zerstört.

Wer ist Zeus?

In der griechischen Mythologie ist Zeus der Vater aller Götter. Er wohnt auf dem Berg Olymp und herrscht über Himmel und Erde. Sein monumentales Kultbild wurde in seinem Tempel in Olympia aufgestellt. Es zeigt Zeus auf seinem Thron sitzend. In den Händen hält er die Symbole seiner Macht: in der linken ein Zepter, auf dessen Knauf ein Adler sitzt, und in der rechten die geflügelte Siegesgöttin. Auf seinem Kopf trägt er einen Kranz aus Olivenzweigen, das Zeichen der Sieger sportlicher Wettbewerbe.

Aus Gold und Elfenbein

Phidias, der zuvor die Kultstatue der Athena für den Parthenon in Athen gefertigt hatte, wurde mit der Schaffung der Statue beauftragt. Das etwa 12 m hohe Werk bestand aus Holz. Eine dünne Schicht Elfenbein bedeckte den gesamten Körper von Zeus. Sein Umhang wurde mit Blattgold beschichtet. Die geflügelten Sphingen an den Armlehnen des Throns waren aus massivem Gold. Die im Zeustempel aufgestellte Statue vollendete Phidias um 430 v. Chr. Um Rissen im Elfenbein vorzubeugen, wurde die Statue regelmäßig mit Olivenöl eingerieben.

Ein Opfer der Flammen

Zu Beginn des 5. Jahrhunderts n. Chr., als Christen die Symbole der alten Religionen vernichteten, wurde die Statue verschont und nach Konstantinopel gebracht. Dort wurde sie allerdings um 470 durch einen Brand zerstört.

Der Koloss von Rhodos

Die Kolossalstatue bewachte den Hafen der Insel Rhodos vor der Küste der heutigen Türkei. Sie war die größte Statue der Antike. Um 300 v. Chr. errichtet, stürzte sie knapp 70 Jahre später ein.

Warum wurde eine solch gigantische Statue aufgestellt?

304 v. Chr. belagerte Demetrios I. Poliorketes, König von Makedonien, die griechische Insel Rhodos. Ein Jahr lang leisteten die Inselbewohner tapfer Widerstand, bis Demetrios wieder abzog. Um sich bei Helios, dem Sonnengott und Schutzherrn ihrer Stadt, zu bedanken, bauten die Rhodier die gewaltige Statue des Gottes.

Bronzeplatten auf einem Eisengestell

Der Koloss war ungefähr 34 m hoch. Sein Brustumfang betrug etwa 18 m und der Umfang seiner Oberschenkel nicht weniger als 3,50 m. Er war das Werk des Bildhauers Chares aus Lindos, der die Statue aus Bronze, einer Legierung aus Kupfer und Zinn, schuf. Er formte daraus kleine Platten, die von den Arbeitern einzeln an einem Eisengestell befestigt wurden. Damit die Statue festen Stand hatte, wurde sie mit Steinen gefüllt. Die Arbeit dauerte zwölf Jahre. 13 Tonnen Bronze und 7 Tonnen Eisen sollen benötigt worden sein.

Welche Haltung?

Zeitgenössische Darstellungen von der vollendeten Statue sind nicht erhalten. Einige spätere Abbildungen zeigen sie mit je einem Fuß auf jeder Seite der Hafeneinfahrt. Dies ist aus statischen Gründen jedoch unwahrscheinlich. Helios stand vermutlich mit geraden Beinen am Boden und hatte vielleicht einen Arm mit einer Fackel in die Höhe gereckt, während der andere am Körper anlag.

Was wurde aus dem Koloss?

Um 227 v. Chr. knickte die Statue bei einem Erdbeben auf Höhe der Knie ein. In diesem Zustand wurde sie über 800 Jahre lang belassen. Im Jahr 653 verkaufte der Kalif von Damaskus die Metallreste und die Steine. Berichten zufolge waren für ihren Transport 900 Kamele nötig.

Der Leuchtturm

Der Pharos von Alexandria war nicht das erste Bauwerk mit einem Leuchtfeuer für Schiffe. Das Besondere an ihm war seine gewaltige Höhe von etwa 120 m.

Schnell blühte der Handel und viele Schiffe liefen den Hafen an. Alexandria wuchs rasch und hatte bereits 250 000 Einwohner, als Ptolemaios II., Alexanders Nachfolger, ab 299 v. Chr. den Leuchtturm errichten ließ.

Den Eingang zum Hafen markieren

Ptolemaios II. beschloss, einen Turm bauen zu lassen, auf dessen Spitze ein Leuchtfeuer den Schiffen den Weg weisen sollte. Der etwa 120 m hohe Turm wurde am Eingang zum Hafenbecken von Alexandria auf der kleinen Insel Pharos errichtet, die über eine künstliche Landbrücke mit der Küste verbunden war. Der Turm aus Kalkstein und Granit war in drei Teile gegliedert. Im ersten, viereckigen Abschnitt lagen die Unterkünfte der Wachen und Angestellten. Der zweite Abschnitt war achteckig. Im letzten, fünfeckigen Abschnitt war das Lager für Brennholz und die Feuerstelle untergebracht, in der das Leuchtfeuer brannte. Darüber ragte eine 6 m hohe Statue in den Himmel.

Der sogenannte Pharos von Alexandria in Ägypten war der höchste Leuchtturm, der je gebaut wurde. Er wurde um 284 v. Chr. fertig gestellt. Knapp 1500 Jahre lang wies er den Schiffen den Weg.

Die Stadt Alexanders des Großen

Die Stadt Alexandria am Ufer des Mittelmeers wurde von Alexander dem Großen 331 v. Chr. gegründet, nachdem er Ägypten erobert hatte. Er machte den Ort zur Hauptstadt seines Reiches.

von Alexandria

Die Arbeiten begannen 299 v. Chr. und wurden 15 Jahre später abgeschlossen.

Keine Treppen

Im Innern des Turmes gab es keine Treppen oder Stufen, sondern nur schräge Rampen. Über diese Rampen konnten Esel und Pferde das für das Feuer benötigte Brennholz und Öl zur Spitze transportieren. Sie brachten auch die Asche nach unten.

Weithin sichtbar

Das Feuer wurde mit Kiefernholz unterhalten. Die Feuerstelle war von einem auf Säulen aufliegenden Dach bedeckt und nach allen Seiten hin offen, sodass der Rauch abziehen konnte. Ein großer Spiegel aus Bronze warf das Licht des Feuers zurück. Auf diese Weise war es mehr als 40 km weit sichtbar. Das Feuer wurde ständig angefacht; tagsüber wurde es klein gehalten, doch nachts brannte es lichterloh.

Seit 1994 sucht ein Team von Archäologen den Meeresgrund um die Insel Pharos nach Überresten des Leuchtturms ab.

Zerstörerische Erdbeben

Der Turm wurde mehrere Male beschädigt und anschließend wieder aufgebaut. Im 11. oder 12. Jahrhundert verursachte ein Erdbeben große Schäden. Im Jahr 1303 stürzte der Turm, der inzwischen als Moschee genutzt wurde, bei einem weiteren Erdbeben endgültig ein.

Auf der Suche nach dem Pharos

Nach der Zerstörung des Turmes wurde an der gleichen Stelle eine Festung errichtet. Seit 1994 suchen Archäologen auf dem Meeresgrund nach den Überresten des legendären Pharos. Bislang förderten sie Statuen und eine Platte mit dem Namen des Baumeisters des Turmes zu Tage: Sostratos von Knidos.

Der Leuchtturm am Eingang des Hafenbeckens von Alexandria

Die Höhle

Zum Schutz der Höhlenmalereien ist die Höhle von Lascaux seit 1963 nicht mehr für Besucher zugänglich.

Vor rund 17 000 Jahren malten und ritzten Künstler über 500 Tiere auf und in die Felswände der Höhle von Lascaux in Frankreich. Diese wertvollen Zeugnisse unserer fernen Vorfahren sind heute geschützt.

Die Künstler von Lascaux

Die steinzeitlichen Menschen gehörten zu den Homo sapiens sapiens, unseren direkten Vorfahren. Ihre Entwicklung begann vor mindestens 100 000 Jahren und vor etwa 40 000 Jahren gelangten sie nach Europa. Sie lebten von der Jagd, vom Fischfang und vom Sammeln wilder Früchte. Als Nomaden folgten sie den Herden der wilden Tiere.

Tausend Darstellungen

Die Höhle von Lascaux besitzt drei Kammern, die hintereinander liegen und sich über eine Länge von 100 m erstrecken. Zusätzlich gibt es zwei Nebenräume. Die meisten Höhlenräume sind 3 bis 5 m hoch und ebenso breit. Über tausend Zeichnungen wurden entdeckt, darunter 355 Pferde, 88 Hirsche, 87 Auerochsen, Wisente, Stiere, ein Mensch und ein Vogel. Das Rentier, das in jener Zeit die wichtigste Jagdbeute war, sucht man vergebens. Dafür ist eine Art Einhorn dargestellt.

Die Künstler in der Höhle

Fettlampen mit Tierfett oder Öl erleuchteten die Höhlen. Die Menschen bauten Gerüste aus Ästen oder stellten sich auf Baumstämme, um auch die höher liegenden Wände erreichen zu können.

Zeichnungen und Gravuren

Auf den Wänden aus weichem Stein wurden Zeichnungen mit schwarzer Farbe angefertigt. Auf härterem Gestein wurden sie mithilfe von Meißeln aus Feuersteinspitzen in den Stein graviert. Die Künstler nutzten die natürlichen

von Lascaux

Wölbungen der Wände, um die Tierbilder lebendiger erscheinen zu lassen.

Wie wurden die Farben angemischt?
Die Menschen konnten aus natürlichen Stoffen viele

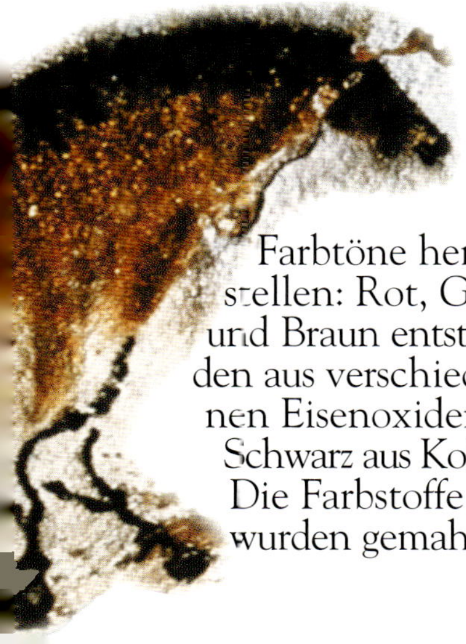

Farbtöne herstellen: Rot, Gelb und Braun entstanden aus verschiedenen Eisenoxiden, Schwarz aus Kohle. Die Farbstoffe wurden gemahlen und mit Wasser und Tierfett vermischt, manche auch erhitzt, um eine Farbänderung zu erzielen. Die Farben wurden mit den Fingern, mit Pinseln aus Pflanzenfasern oder Tierhaaren oder mit Fellbäuschen aufgetragen. Teilweise wurden sie mit einem hohlen Knochen aufgespritzt oder auch gespuckt. An manchen Stellen benutzten die Künstler ihre Hände als Schablonen.

Zu schützende Malereien
Jahrtausendelang wurde die Höhle durch Geröll vor dem Eingang geschützt. Im September 1940 sahen vier Jugendliche, wie ihr Hund in einem Loch verschwand. Sie gingen ihm nach und entdeckten die ersten Malereien. Im Jahr 1948 wurde die Höhle der Öffentlichkeit zugänglich gemacht. Da die zahlreichen Besucher beim Atmen jedoch Kohlendioxid an die Luft abgaben, das das Wachstum von Algen und Moosen förderte und dadurch die Malereien bedrohte, wurde die Höhle 1963 wieder geschlossen. Anfang der 1980er-Jahre wurden zwei Kammern in einer Hülle aus Beton originalgetreu nachgebildet. Die nur wenige Meter entfernte echte Höhle ist auf diese Weise gut geschützt.

Die Steinkreisanlage

Die Bekränzung der Pfeilersteine von Stonehenge erfolgte um 2100 v. Chr. Im Mittelalter wurde aber ein Teil der Steine zum Bau von Häusern benutzt.

Niemand kann heute mehr sagen, zu welchem Zweck die Megalithen von Stonehenge in England zwischen 2600 und 2100 v. Chr. aufgestellt wurden. Aufstellung und Transport der gewaltigen Steinblöcke erforderten nahezu übermenschliche Kräfte.

Ein Wall und Gräber

Stonehenge liegt in einer Ebene im Süden Englands. Um 3100 v. Chr. wurde ein großer Kreis mit einem Durchmesser von 115 m auf dem Boden angelegt. Als Einfassung diente ein Erdwall. Kleine Schächte, wahrscheinlich Gräber, wurden ausgehoben und im Mittelpunkt des Kreises zwei Steine aufgestellt.

Menhire von weither

Um 2600 v. Chr. wurden bedeutende Arbeiten unternommen: 80 sogenannte Blausteine aus vulkanischem Gestein wurden in zwei Kreisen errichtet – ein kleiner Innenkreis und ein größerer Außenkreis. Die über 2 m hohen Menhire wogen 3 bis 5 Tonnen und stammten aus einem Steinbruch mit vulkanischem Gestein in 380 km Entfernung von Stonehenge. Archäologen vermuten, dass sie auf Flößen übers Meer und auf Flüssen transportiert wurden und an Land auf Rundhölzern von Menschen oder vielleicht Ochsen gezogen wurden, da es in jener Zeit noch keine Wagen mit Rädern gab.

Ein Steinring

Um 2100 v. Chr. wurde erneut gebaut. 30 Pfeilersteine von ungefähr 5 m Höhe wurden aufgestellt, die von 29 Decksteinen überbrückt wurden. Es entstand ein perfekter Kreis. In der Mitte wurden fünf 7 m hohe Bogen errichtet und in einem Halbkreis um den sogenannten Altarstein aus grünem Sandstein angeordnet. Die großen Steinblöcke, die bis zu 50 Tonnen wiegen, stammten aus einem etwa 30 km entfernten Steinbruch.

Die Gewinnung der Steine

In keiner Bauphase von Stonehenge besaßen die Arbeiter Werkzeuge aus Metall. Sie verwendeten wahrscheinlich harte Steine als Hammer. Die Blöcke im Steinbruch spalteten sie ab, indem sie kleine Einschnitte machten, die sie mit Blättern und Holz füllten. Die Füllung wurde angezündet und, wenn der Stein heiß

von Stonehenge

war, mit Wasser gelöscht. Durch die rasche Abkühlung bekam das Gestein Risse und die Steinblöcke konnten anschließend mit einem schweren Steinhammer herausgebrochen werden.

Die Aufrichtung der Steine
Kein Dokument liefert eine Erklärung, wie die Steine errichtet und die Decksteine aufgelegt wurden. Die Pfeilersteine wurden möglicherweise auf eine schräge Rampe aus Holz gezogen und von dort in einen vorbereiteten Graben gekippt, in dem sie aufrecht standen (1). Die Decksteine wurden vielleicht mit Holzplattformen angehoben und auf die Pfeilersteine geschoben (2). Trotz ihrer einfachen Werkzeuge arbeiteten die Steinhauer beim Behauen der Decksteine mit einer so großen Genauigkeit, dass sie perfekt aneinander passten.

Ein Geheimnis umwitterter Ort
Bis heute können die Historiker nur Vermutungen über den Zweck der Anlage anstellen. Die Knochenfunde im Boden deuten darauf hin, dass es sich um einen Totentempel handelte. Studien von Astrophysikern dagegen ergaben, dass Stonehenge möglicherweise ein astronomisches Observatorium war.

Mehrere Legenden ranken sich um Stonehenge. Einer Legende zufolge soll das von Riesen erbaute Monument in Irland gestanden haben, bis der Zauberer Merlin es mit magischen Kräften nach England versetzte. Die Abbildung unten zeigt eine von Druiden veranstaltete Zeremonie.

Der Turm

Der Turm zu Babel wurde nie fertiggestellt. Grundlage für die in der Bibel erzählte Geschichte vom Turmbau war vermutlich die in Mesopotamien übliche Bauform der Zikkurat.

Was steht in der Bibel?

Die Bibel erzählt, dass sich die Menschen in einem Tal im Land Schinar – gemeint ist das Flusstal des Euphrat im heutigen Irak – niederließen. Dort bauten sie eine Stadt, damit alle Menschen an einem Ort leben konnten und sich nicht über die ganze Erde verstreuen mussten. Dann wollten sie ihr Machtgefühl mit einem Turm untermauern, dessen Spitze den Himmel berühren sollte.

Die Strafe Gottes

Jahwe, der Gott der Juden, sah beunruhigt zu, wie der Turm immer weiter in die Höhe wuchs und dem Himmel immer näher kam. Er hielt die Menschen für anmaßend und hochmütig, weil sie glaubten, sich mit ihm messen zu können. Da alle Menschen damals die gleiche Sprache sprachen, konnten sie sich untereinander verständigen und gemeinsam an einem solchen Bau arbeiten. Um nun die Vollendung des vermessenen Bauwerks zu verhindern, gab Gott ihnen verschiedene Sprachen. Die Menschen konnten sich nun nicht mehr miteinander unterhalten, zerstreuten sich und gaben den Bau auf.

Der Ursprung der Geschichte

Die Episode aus der Bibel wurde im 6. Jahrhundert v. Chr. verfasst, einer Zeit, in der sich die Juden in der Gefangenschaft der Babylonier befanden. Die Historiker gehen davon aus, dass die Erzählung vom Turmbau zu Babel auf die Zikkurate von Babylonien zurückgeht.

Was ist eine Zikkurat?

In Babylonien war eine Zikkurat ein Gott geweihter

Geht die Erzählung vom Turmbau zu Babel auf eine solche Zikkurat der Babylonier zurück?

Tempel. Das Bauwerk bestand aus mehreren Stufen und war in Form einer Pyramide angelegt. Derartige Bauten wurden um 2000 v. Chr. errichtet. Es gab keinen Innenraum, das Gebäude war massiv. Über eine Außentreppe gelangte man auf die erste Stufe, wo die Kulthandlungen stattfanden. Die Zikkurat von Babylon wurde um 1780 v. Chr. erbaut. Die Babylonier nannten sie „Tempel des Grundsteins von Himmel und Erde“. Sie war 91 m hoch und hatte sieben Stufen.

Ziegel statt Steine

In der Wüstenregion waren Steine knapp. Die Baumeister verwendeten daher den Lehm, den sie am Flussufer fanden, vermischten ihn mit Wasser und Schilfrohr und füllten den Lehmbrei in Ziegelformen.

Die Ziegelherstellung zur Zeit der Zikkurate

Anschließend wurden die Lehmziegel an der Luft getrocknet. Die Sonne ließ das Wasser verdunsten und die Ziegel erhärten. Da diese Art von Ziegeln bei Regen kaputtgeht, wurde die Zikkurat zum Schutz mit einer Verkleidung aus gebrannten Ziegeln versehen. In Babylon waren einige der Ziegel blau glasiert.

Bitumen

Die Arbeiter jener Zeit hatten keinen Mörtel, um die Steine miteinander zu verbinden. Stattdessen verwendeten sie Bitumen, eine zähflüssige Substanz aus Rohöl, die an bestimmten Stellen aus dem Boden quoll und sich mit Sand vermischte.

Die Gräber im

Das Grab von Pharao Sethos I. ist eines der längsten im Tal der Könige.

Die prachtvollen Grabanlagen im Tal der Könige in Ägypten wurden ab 1540 v. Chr. in den Fels gehauen. In den Gräbern sollten die Mumien der Pharaonen und ihre Grabschätze Schutz vor Plünderern finden.

Wie viele Gräber wurden entdeckt?

Die Gräber der Pharaonen und ihrer Gemahlinnen wurden in einem Wüstental am Westufer des Nils gegenüber der Stadt Luxor in den Fels gehauen. Es gibt ein Tal der Könige und ein Tal der Königinnen. Insgesamt wurden etwa 150 Gräber entdeckt, deren Eingänge sorgfältig verborgen waren. Doch alle Gräber, mit Ausnahme des Grabes von Pharao Tutanchamun, wurden bereits im Altertum entdeckt und geplündert.

Ein langer Gang

Die meisten Gräber weisen ähnliche Grundrisse auf: Ein langer Gang führt in den Fels, an dessen Ende die Kammer mit dem Sarkophag liegt, in dem die königliche Mumie ruhte. In einer oder auch zwei Vorkammern befand sich der Schatz des Pharaos und die bei der Bestattung dargebrachten Opfergaben. Bei einigen Gräbern liegt in der Mitte des Zugangs ein tiefer Schacht. Er sollte das von oben eindringende Regenwasser oder auch Grabräuber aufhalten.

Im Auftrag des Pharaos

Kurze Zeit nach seiner Thronbesteigung ließ der Pharao die Arbeit an seinem Grab aufnehmen. Nachdem sein Wesir einen geeigneten Ort gewählt hatte, machten sich etwa 50 Arbeiter ans Werk. Während die Steinhauer die Kalksteinblöcke abspalteten, schafften Bauern den Schutt in Weidenkör-

Tal der Könige

So sah es in einem Teil des Grabes des jungen Pharaos Tutanchamun aus, als es 1922 entdeckt wurde.

ben weg. Manchmal mussten die Arbeiter wegen des weichen Gesteins Säulen in den Kammern stehen lassen, um die Decke abzustützen.

Unter welchen Bedingungen wurde gearbeitet?
Je weiter die Arbeiten voranschritten und je tiefer die Handwerker in den Berg vordrangen, umso schwieriger gestaltete sich ihre Arbeit: Der Sauerstoff wurde immer knapper und das Licht der Öllampen war schwach. Es wurde acht Tage am Stück gearbeitet, wobei ein Arbeitstag acht Stunden hatte. Dann gab es zwei freie Tage. Ein Schreiber notierte sorgfältig alle Einzelheiten auf einem Papyrus und erstellte Berichte, um den Wesir über den Verlauf der Arbeiten zu informieren. Nach der Arbeit gingen die Männer zu ihren Unterkünften im Arbeiterdorf Deir el-Medina, in dem sie mit ihren Familien lebten. Der Pharao ließ sie versorgen, doch hatte er auch angeordnet, dass die Arbeiter nie wieder das Ostufer des Nils betreten durften.

Die Ausschmückung
Sobald eine Kammer oder ein Stück des Ganges in den Fels gehauen war, wurden die Wände verputzt und geglättet. Die Zeichner malten mit roter Tinte Gitterlinien auf, die ihnen halfen, die Personen in den richtigen Proportionen darzustellen. Sie kopierten auch heilige Texte auf die Wände, die in Hieroglyphen geschrieben waren. An manchen Stellen schlugen die Bildhauer die Umrisse aus dem Fels, sodass die Zeichnungen hervortraten. Zum Schluss wurden kräftige Farben auf die Darstellungen aufgetragen.

Auf den prächtigen Fresken in den Innenräumen der Gräber im Tal der Könige sind die ägyptischen Götter und der Alltag in jener Zeit dargestellt.

Die Tempel von Ramses

Die beiden um 1250 v. Chr. in einen Felsen gehauenen Tempel von Abu Simbel wären in den 1960er-Jahren beinahe überflutet worden. Die Weltöffentlichkeit setzte sich jedoch dafür ein, dass diese Meisterwerke der ägyptischen Kunst erhalten blieben.

Die Macht von Ramses II.

Während seiner langen Herrschaft von 1279 bis 1213 v. Chr. erweiterte Pharao Ramses II. das ägyptische Reich vor allem nach Süden. Er demonstrierte den von ihm beherrschten Nubiern seine Macht, indem er in Abu Simbel, nahe der Grenze zwischen den beiden Reichen, zwei Tempel in die Felsen hauen ließ.

Vier Kolossalstatuen des Königs

Der größere der beiden Tempel war Ramses II. geweiht. Er ist 33 m hoch und mehr als 30 m breit. Vier 20 m hohe Kolossalstatuen vor dem Eingang stellen den Pharao dar. Für diese Statuen schlugen die Steinhauer zunächst gewaltige Mengen Sandstein um vier riesige Steinblöcke ab, aus denen die Steinmetzen anschließend das Bildnis des Pharaos gestalteten. Der König wurde sitzend mit den Händen auf den Oberschenkeln dargestellt. Obwohl diese Körperhaltung die Statuen sehr stabilisierte, brachte ein Erdbeben zehn Jahre nach Beendigung der Arbeiten den Kopf und einen Teil des Oberkörpers des zweiten Kolosses zum Einsturz.

Der zweite Tempel

Der zweite Tempel ist kleiner und liegt ein Stück vom großen Tempel entfernt. Er ist 12 m hoch und der schönen Königin Nefertari, der Hauptgemahlin von Ramses II., geweiht.

Zwei Jahrzehnte Arbeit

Die Arbeit am Tempel von Ramses II. dauerte etwa 20 Jahre. Wie alle ägyptischen Tempel besitzt er zwei große Hallen, die zu einem Sanktuarium, dem Allerheiligsten, führen. An den Seiten befinden sich mehrere kleine Kammern. Die Decke der beiden großen Hallen wird von Säulen ge-

wurde umgesetzt. Die Tempel wurden zwischen 1964 und 1968 in 1050 Teile zerlegt und an einem künstlichen Felsen oberhalb des Originalstandortes wieder zusammengesetzt.

Links sieht man den Innenraum des großen Tempels wie er bei seiner Entdeckung im 19. Jahrhundert vorgefunden wurde.

Vier Jahre lang wurde der Tempel von Ramses II. in Abu Simbel Block für Block versetzt und damit vor den Fluten gerettet.

tragen, von denen einige den Pharao darstellen. Die Wände sind mit bemalten Hochreliefs ausgeschmückt.

Das Sonnenwunder

Nur zweimal im Jahr – am 21. Februar und 21. Oktober – beleuchten die Strahlen der aufgehenden Sonne 20 Minuten lang drei Statuen im Sanktuarium. Die vierte Statue, die im Schatten bleibt, stellt bezeichnenderweise Ptah dar, den Gott der Finsternis. Leider wissen wir nicht, ob dieses sogenannte Sonnenwunder ein Zufallsprodukt ist oder ob die Architekten es so vorgesehen hatten.

Die Rettung

Ab 1960 wurde in Assuan ein gewaltiger Nil-Staudamm zur Stromerzeugung gebaut. Der dadurch entstandene 500 km lange Stausee hätte die Tempel von Abu Simbel überflutet, wenn nicht ein internationaler Aufruf zu ihrer Rettung gestartet und mehrere Lösungsmöglichkeiten vorgeschlagen worden wären: einen Schutzdamm um die Tempel zu errichten, sie unter einer gigantischen transparenten Glocke zu schützen oder sie abzubauen und einige hundert Meter oberhalb wieder aufzubauen. Die letzte Lösung

Der Tempel des

Die Bibel berichtet, dass Salomon, König der Juden, um 950 v. Chr. den ersten Tempel in Jerusalem baute. Er wurde dreimal zerstört. Heute ist nur noch ein einziger Rest vorhanden, die sogenannte Klagemauer, die bei den Juden ein Ort des Gebets und der Klage ist.

Die Hauptstadt von David

Zu Beginn des 1. Jahrtausends v. Chr. machte David, der König von Israel und Juda, Jerusalem zu seiner Hauptstadt. Sein Sohn und Nachfolger Salomon ließ einen dem Gott Jahwe geweihten Tempel errichten. Als Standort wählte er den Gipfel des Berges Moria, wo Gott seinem Vater David erschienen war.

Haus Gottes

Es gibt kein Dokument aus jener Zeit, das den Tempel darstellt, der als Haus Gottes angesehen wurde. Der Bibel zufolge stand er auf einem großen, von Mauern abgestützten Platz. Er soll 36 m lang, 10 m breit und 10 m hoch gewesen sein. Der verwendete Kalkstein stammte von Steinbrüchen aus der Umgebung von Jerusalem. Zu beiden Seiten des Eingangs stand eine Bronzesäule. Vor dem Tempel war ein riesiges Becken aus Bronze auf 12 Stierskulpturen aufgestellt. Es hieß Bronzemeer.

Das Allerheiligste

Der Innenraum des Tempels war unterteilt in einen Vorderraum, einen Hinterraum, eine Vorhalle und das Allerheiligste (eine heilige Kammer), wo die Bundeslade aufbewahrt wurde. In der mit Gold verkleideten Truhe befanden sich die Gesetzestafeln mit den Zehn Geboten, die Gott Moses auf dem Berg Sinai übergeben hatte. Bewacht wurde die Bundeslade von zwei Statuen in Gestalt der Fabelwesen Cherubim.

Salomon in Jerusalem

Die Klagemauer, das bedeutendste Heiligtum der Juden, ist das Einzige, was heute noch vom Tempel des Salomon steht.

Der Tempel des Salomon wurde 70 n. Chr. endgültig zerstört. Einige Jahrhunderte später bauten die Muslime an seiner Stelle die Al-Aqsa-Moschee.

Eine riesige Baustelle

Schätzungen zufolge arbeiteten über 150 000 Menschen am Bau des Tempels: 80 000 Steinhauer, 70 000 Träger und 3600 Aufseher. Phönizische Handwerker aus dem heutigen Libanon zeichneten die Pläne und waren für die Ausschmückung des Tempels verantwortlich.

Eine bewegte Geschichte

Dreimal wurde der Tempel beschädigt. Die Babylonier zerstörten ihn, als sie 587 v. Chr. Jerusalem eroberten. Die Juden bauten ihn bis 515 v. Chr. wieder auf. Herodes, der König der Juden, ließ dieses eher bescheidene Bauwerk abtragen und stattdessen bis 12 v. Chr. den größten und prächtigsten Tempel bauen, den die Juden je besaßen. Leider machten die Römer ihn als Strafe für einen Aufstand der Hebräer 70 n. Chr. dem Erdboden gleich.

Die dreifach heilige Stadt Jerusalem

In der Stadt Jerusalem wurde Jesus verhaftet und gekreuzigt. Daher wurde sie im 2. Jahrhundert n. Chr. zur heiligen Stadt der Christen. Ebenfalls in Jerusalem fuhr Mohammed in den Himmel auf. Im 7. Jahrhundert wurde die Stadt daher auch die heilige Stadt der Muslime, die eine Moschee auf dem Tempelplatz errichteten. Und die Juden versammeln sich vor der Klagemauer, dem einzigen Überrest der Mauern, die den Salomonischen Tempel trugen.

Der riesige Palast von

Der Palast von Persepolis zur Zeit von Xerxes I., der den Bau seines Vaters Dareios I. fortführte

Als Dareios I. im Jahr 522 v. Chr. Großkönig des Perserreiches wurde, gründete er eine neue Hauptstadt. Als Standort wählte er eine Ebene in der Wüste im Süden des heutigen Iran. Handwerker aus dem ganzen Reich bauten dort den prachtvollen Palast von Persepolis.

Ein Palast als Machtsymbol

Der Perserkönig Dareios I., der den Titel Großkönig trug, herrschte über insgesamt 28 Reiche, die Satrapien. Sein Palast sollte seiner großen Machtfülle ebenbürtig sein. Tatsächlich entfaltete das Bauwerk eine Pracht jenseits aller Vorstellungen. Die vier Außenmauern des Gebäudes waren 110 m lang, die Säulen 20 m hoch und von Stierköpfen gekrönt, auf denen Architrave aus Stein als Querträger ruhten. Das Dach war mit einer dicken Schicht Erde bedeckt und hielt auf diese Weise die Hitze ab. Der Palast wurde Apadana genannt und stand auf einer Plattform, die 450 m lang und 280 m breit war.

Prunkvoller Empfang am Neujahrsfest

Der Palast enthielt nur einen riesigen Audienzsaal, in dem 10 000 Menschen Platz fanden. Er wurde für die Zeremonie des Neujahrsfestes gebaut. An diesem Tag empfing der König, der mit seinem Hofstaat in Susa im Norden des Landes lebte, Gesandte aus allen Teilen des Reiches. Die Gesandten brachten dem Großkönig wertvolle Geschenke dar wie Gold, Tongefäße, Tiere usw.

3000 Bildnisse

Entlang des Treppenaufgangs zum Audienzsaal wurden 3000 Porträts von hohen Würdenträgern, Beamten und Soldaten des Reiches, die während des Neujahrsfestes anwesend waren, in den Stein gemeißelt. Natürlich gab es auch ein Bildnis

Dareios I. in Persepolis

Die Ruinen von Persepolis im Iran ziehen heute Touristenströme an.

des Großkönigs. Alle Personen wurden mit kräftigen Farben bemalt. Dabei arbeiteten die Künstler gruppenweise an diesen Werken: Sie machten zunächst eine Zeichnung auf die Steinplatte und schlugen anschließend mit Meißeln aus Eisen die Umrisse aus dem Stein. Vor dem Bemalen wurde der Stein mit Sand poliert.

Arbeiter aus allen Landesteilen

Für den Bau und die Gestaltung eines solchen Bauwerks wurden die begabtesten Arbeiter, Handwerker und Künstler benötigt. Der Großkönig ließ Männer aus allen Teilen seines Reiches kommen. So arbeiteten Ägypter, Griechen, Syrer und viele andere insgesamt 25 Jahre auf der Baustelle. Dareios I. erlebte die Vollendung seines Prunkbaus nicht mehr, doch sein Sohn Xerxes I. führte die Arbeiten fort und ließ ein monumentales Tor und den so genannten Hundert-Säulen-Saal errichten. Die nachfolgenden Herrscher fügten dem Palast noch weitere Elemente hinzu.

Vom Feuer zerstört

Im Jahr 331 v. Chr. drangen die griechischen Armeen unter Führung von Alexander dem Großen in Persepolis ein. Die Griechen plünderten die Stadt und brachten den königlichen Schatz in ihre Gewalt. Einige Tage später brach im Palast ein Feuer aus, das die prächtigen Ausschmückungen, das Dachgebälk aus Zedernholz und die Malereien und Skulpturen zerstörte. Der Legende nach soll es Brandstiftung gewesen sein. Die Griechen wollten sich wohl für den Brand rächen, den die Perser 150 Jahre zuvor gelegt hatten, bei dem die Tempel der Athener Akropolis (siehe S. 34 f.) zerstört worden waren.

Ausschnitt aus den Flachreliefs, die eine lange Prozession zeigen. Sie schmückten den Treppenaufgang des Palastes.

Der Parthenon-Tempel

Noch heute dominieren die Überreste des Parthenon auf der Akropolis die Stadt Athen.

Der Parthenon gilt als der vollkommenste aller griechischen Tempel. Er wurde im 5. Jahrhundert v. Chr. auf dem Fels der Akropolis errichtet, der sich über der griechischen Hauptstadt Athen erhebt.

Was ist die Akropolis?

Es ist ein riesiger Fels von über 156 m Höhe und 300 m Länge, der bei den Athenern seit Urzeiten als heiliger Bezirk gilt. Der griechischen Mythologie zufolge siegte an dieser Stelle Athena, die Tochter des Zeus und Göttin des Krieges und der Weisheit, über Poseidon, den Gott des Meeres, in einem Wettstreit um die Namensgebung der Stadt. Die Athener errichteten mehrere Tempel auf dem Berg. Einer davon wurde Athena als Schutzpatronin der Stadt geweiht. Jedes Jahr wurden zu ihren Ehren prunkvolle Festlichkeiten, die Panathenäen, abgehalten. Anlässlich dieses Festes stiegen die Athener in einem langen Zug zur Akropolis hinauf, um der Statue der Göttin in einer feierlichen Zeremonie ein neues Kleid anzuziehen. Gesang und Tanz begleiteten die Feierlichkeiten. Mehrere Tage lang fanden in der ganzen Stadt Sportwettkämpfe statt.

Ein Sieg als Ursache für den Bau

Im 5. Jahrhundert v. Chr. führten Griechen und Perser einen erbitterten Krieg gegeneinander. Im Jahr 479 v. Chr. fielen die Perser in Athen ein und plünderten und verwüsteten die Tempel der Akropolis. Schließlich errang der griechische Feldherr Perikles 449 v. Chr. den Sieg. Zu Ehren dieses Sieges und zur Demonstration der Macht von Athen betraute er den Bildhauer Phidias zusammen mit dem Architekten Iktinos mit dem Wiederaufbau der Akropolis und der Errichtung des Parthenon. Der neue, Athena geweihte Tempel wurde der erhabenste Tempel, der je gebaut wurde.

Prachtvoller Marmor

Griechenland besitzt mehrere Marmorsteinbrüche. Dieser sehr harte Kalkstein strahlt sehr hell, wenn er sorgfältig poliert wird, und ist wesentlich widerstandsfähiger als beispielsweise der ägyptische Sandstein. Daher

der Athene

Gesamtansicht der Akropolis mit ihren verschiedenen Bauten

konnten aus diesem Stein feinere und elegantere Statuen in verschiedenen Haltungen geschaffen werden. Die Beine mussten nun nicht mehr geschlossen und die Arme nicht mehr am Körper anliegend dargestellt werden.

15 Jahre Arbeit

Die Arbeiten begannen 447 v. Chr. Zunächst wurden die Trümmer beseitigt und hinter einer Stützmauer aufgehäuft. Auf diese Weise wurde der Hügel gleichzeitig um mehrere hundert Quadratmeter erweitert. Die Marmorblöcke für den Bau stammten aus einem Steinbruch außerhalb der Stadt und wurden auf Karren, die von Maultieren gezogen wurden, transportiert. Im Jahr 432 v. Chr., 15 Jahre nach Baubeginn, waren der Parthenon und die monumentalen Eingangstore der Propyläen fertiggestellt. Der kleine Nike-Tempel wurde 424 v. Chr., das Erechtheion 406 v. Chr. vollendet.

Säulen aus mehreren Stücken

Die Säulen bestanden nicht aus einem Stück, sondern aus acht bis zwölf Blöcken mit einer Bohrung in der Mitte. In die Bohrung wurde eine Eisenstange als Bolzen eingesetzt, die zwei übereinanderliegende Blöcke miteinander verband. Zusätzlich hielt der zwischen zwei Teilstücke aufgetragene Mörtel alles fest zusammen.

Klammern zwischen den Steinen

Bei der Errichtung der Mauern wurden die Steinblöcke nicht mit Mörtel aneinandergefügt. Zur Stabilisierung schlugen die Steinhauer Aussparungen

Die einzelnen Säulenblöcke wurden von Eisenstangen zusammengehalten.

in jeden Stein, die mit geschmolzenem Blei ausgegossen wurden. Das abgekühlte Blei wurde hart und bildete eine Art Klammer, die nicht mehr nachgab.

Dorischer und ionischer Stil

Im Laufe der Jahrhunderte bauten die Architekten Tempel in drei verschiedenen Stilen (siehe S. 37), die man leicht an der Form ihrer Kapitelle unterscheiden kann. Kapitelle heißen die Elemente, die eine Säule nach oben hin abschließen. Am ältesten ist der dorische Stil mit schlichten Kapitellen ohne Verzierungen. Ihm folgte der ionische Stil mit schneckenförmigen Voluten an den Kapitellen. Beim korinthischen Stil sind die Kapitelle mit aus dem Stein gemeißelten, üppigen Blattmotiven verziert. Der Parthenon besitzt überwiegend Kapitelle im dorischen Stil.

Was macht den Parthenon so vollkommen?

Die Proportionen des Tempels sind sehr harmonisch. Er ist 70 m lang und 31 m breit. Die Fassade zieren acht Säulen von 10 m Höhe, an den Seiten stehen 17 Säulen. Die griechischen Baumeister wussten bereits, dass das menschliche Auge manche Dinge verzerrt. Damit die Säulen also senkrecht und die Architrave exakt waagerecht wahrgenommen wurden, neigten sie die Säulen ein wenig nach innen und versahen die Architrave mit leichten Wölbungen. So entstand der Eindruck perfekter, gerader Linien.

Eine mit Gold und Elfenbein verzierte Statue

Hinter den Säulen lagen zwei große Räume. In dem einen wurde der Schatz Athens aufbewahrt, in dem anderen, der sogenannten Cella, stand die von Phidias geschaffene, etwa 11 m hohe Statue von Athena. Die aus Holz geschnitzte Göttin hielt in der rechten Hand die geflügelte Siegesgöttin und in der linken Hand eine Lanze und ein Schild. Ihr Gesicht und ihre Arme waren mit Elfenbein verkleidet, ihre Kleider, ihr Kopfschmuck und ihre Waffen waren mit Goldplättchen

Die Steinblöcke der Tempelmauern wurden mit Klammern aneinandergefügt. Sie bestanden aus geschmolzenem Blei, das in die Aussparungen im Stein gegossen wurde.

Die drei Stile der griechischen Architektur: der dorische Stil (1), der ionische Stil (2) und der korinthische Stil (3)

überzogen. Angeblich soll für die Kultstatue über eine Tonne Gold verarbeitet worden sein. Die Goldplättchen sollen sogar abnehmbar gewesen sein, um sie bei Gefahr in Sicherheit bringen zu können. Das sind jedoch nur Mutmaßungen, da die Statue im 8. Jahrhundert n. Chr. nach Konstantinopel überführt wurde und später verschwand.

Eine reiche Bildausstattung

Oberhalb der Säulen ließ Phidias Metopen anbringen, Marmorplatten, die von den Künstlern am Boden mit Reliefs gestaltet und nach ihrer Vollendung am Bauwerk befestigt wurden. Die fein gearbeiteten Darstellungen zeigen Szenen mit den Taten griechischer Helden und der Göttin Athena, ihren Wettstreit mit Poseidon, mythische Kämpfe usw. Auf dem etwa 160 m langen Bildfries um die Cellawand sind die alljährlich abgehaltenen Zeremonien der Panathenäen dargestellt.

Das beeindruckende Standbild der Athena war mit Gold und Elfenbein überzogen und 11 m hoch.

Opfer einer Explosion

Im 6. Jahrhundert n. Chr. wurde der Parthenon in eine Kirche umgewandelt, im 15. Jahrhundert als Moschee und im 17. Jahrhundert als Pulverkammer genutzt. Während der Belagerung der Stadt durch die Venezianer im Jahr 1687 traf eine Kanonenkugel den Tempel. Das Schießpulver explodierte und der Tempel stürzte in der Mitte ein. Zu Beginn des 19. Jahrhunderts nahmen die Briten Dutzende von Statuen und zahlreiche Stücke des Marmorfrieses mit. Leider ging eines der Transportschiffe auf dem Weg nach England unter und mit ihm mehrere antike Bildstücke. Die übrigen sind heute im British Museum in London ausgestellt.

Das Kolosseum: ein gigan

Vom äußeren Mauerring des Kolosseums im Zentrum von Rom ist nur noch ein Teil erhalten. Ursprünglich war er mit weißen Marmorsäulen und Statuen verziert.

Das größte Amphitheater der römischen Welt wurde ab 69 n. Chr. in Rom errichtet. In dem prachtvollen Bauwerk fanden bis zu 73 000 Zuschauer Platz, die den grausamen Kämpfen der Gladiatoren und den wilden Tierhetzen begeistert applaudierten.

Auf Wunsch des Kaisers

Als Vespasian 69 n. Chr. Kaiser wurde, besaß Rom kein Amphitheater mehr. Die bisherige Arena war bei einem Brand beschädigt worden, der einige Jahre zuvor in der Stadt gewütet hatte. Der neue Kaiser beschloss, das größte Amphitheater zu errichten, das jemals gebaut wurde. Die Maße waren beeindruckend: 188 m lang und 156 m breit bei einem Umfang von 527 m und einer Außenmauer mit vier Stockwerken, die 50 m hoch über den Boden ragte und auf jedem Stockwerk 80 Bögen aufwies.

Fundamente aus Beton

Da das Kolosseum auf dem Grund eines ausgetrockneten Sees errichtet wurde, musste zuerst ein tragfähiges Fundament für das Bauwerk geschaffen werden. Zu diesem Zweck wurde eine 13 m dicke Schicht aus Steinen und Beton (Mischung aus Vulkanasche, Kreide und Wasser) aufgeschüttet und eingeebnet.

Eine Sandarena auf Holzbohlen

Die Arena, in der die Kämpfe stattfanden, wurde mit Sand gefüllt, der das Blut, das während der Spiele vergossen wurde, aufsaugen sollte. Das lateinische Wort *arena* bedeutet „Sand“ und verhalf dem Kampfplatz zu seinem Namen. Unter dem

Über Flaschenzüge, die mit Muskelkraft bedient wurden, hievte man Menschen und Tiere hinauf in die Arena.

tisches Amphitheater

An sonnigen Tagen wurden Sonnensegel über den Rängen gespannt.

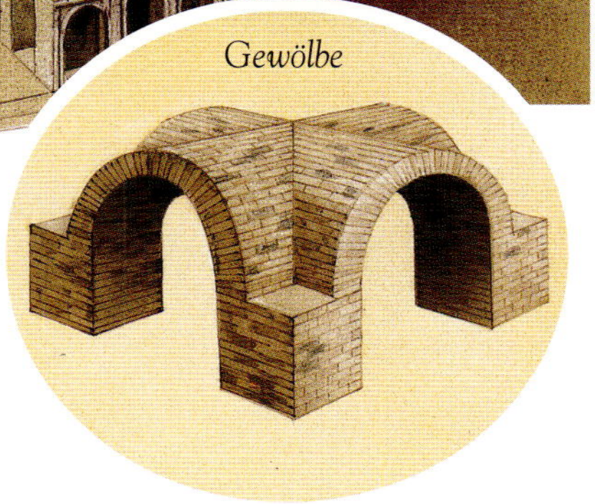

Gewölbe

Holzboden der Arena befanden sich Räume, in denen die wilden Tiere eingesperrt waren. Mithilfe von Flaschenzügen wurden die Gladiatoren und die Käfige mit den Tieren in die Arena hochgezogen.

Gewölbe ersetzen Querbalken

Die Römer erfanden das Gewölbe (siehe Abbildung). Dazu fügten sie auf einem Gerüst aus Holz in Form des Gewölbebogens sorgfältig behauene Steine aneinander. Zuletzt wurde der mittlere Stein, der Schlussstein, gesetzt. Die Gewölbe ersetzten die schweren Querträger; sie reduzierten das Gewicht und hatten größere Öffnungen.

Arbeit für die Sklaven

Ungefähr 8000 Sklaven aus den von den römischen Armeen eroberten Ländern arbeiteten auf der Baustelle. Das Kolosseum wurde schließlich unter Titus, Vespasians Sohn und Nachfolger, beendet und 80 n. Chr. eingeweiht. Die Einweihungsfeierlichkeiten, unter anderem mit Gladiatorenkämpfen, nachgestellten Seeschlachten und Tierhetzen, sollen hundert Tage gedauert haben!

Von Erdbeben beschädigt

Bis ins Mittelalter blieb das Kolosseum in einwandfreiem Zustand. Leider brachten Erdbeben im 9. und 14. Jahrhundert einen Teil der Außenmauer zum Einsturz. In der Folgezeit wurde das Bauwerk von den herrschenden Familien Roms und den Päpsten vielfach als Steinbruch für ihre Bauten genutzt.

Unter Asche

Die Stadt Pompeji und im Hintergrund der Vesuv, der ihren Untergang verursachte

79 n. Chr. begrub ein Vulkanausbruch die Stadt Pompeji in Italien unter einer meterhohen Schicht Asche. 1700 Jahre später entdeckten Archäologen dort fantastische Fresken und Mosaike.

Pompeji, eine reiche Stadt

Pompeji liegt im Süden Italiens in der Nähe der heutigen Stadt Neapel. Etwa zehn Kilometer von Pompeji entfernt erhebt sich der Vesuv, ein noch heute aktiver Vulkan. Die römische Handelsstadt an der Küste war sehr wohlhabend; viele reiche Familien besaßen dort große komfortable Sommerresidenzen.

Opfer der Naturgewalten

Am 5. Februar des Jahres 62 wurde die Stadt Pompeji von einem Erdbeben erschüttert, das zahlreiche Häuser und öffentliche Gebäude zerstörte. Der Wiederaufbau begann unverzüglich. Er war jedoch längst noch nicht abgeschlossen, als am 24. August 79 der Vesuv ausbrach. 24 Stunden lang spuckte der Vulkan Tonnen von vulkanischem Gestein und Asche aus und begrub die Stadt unter einer 7 m hohen Schicht. Nach der Katastrophe geriet die Stadt in Vergessenheit. Erst Mitte des 18. Jahrhunderts förderten erste Ausgrabungen wahre Schätze ans Tageslicht, die dank der Asche erhalten geblieben waren.

Eine intakte Stadt

Unter der schützenden Ascheschicht fanden die Archäologen wunderschöne Fresken, fast vollständig erhaltene Mosaike, Marmormöbel, Bronzeskulpturen usw. Die unerwarteten Entdeckungen bewiesen,

In einigen Häusern gab es prächtige Fresken in strahlenden Farben.

dass die Einwohner Pompejis ein angenehmes Leben in ihren prunkvoll ausgestatteten Wohnsitzen geführt hatten. Für Geschichtsinteressierte ist Pompeji eine Fundgrube: Es gibt dort komplett erhaltene, gepflasterte Straßen, Geschäfte, Tempel, ein Theater, eine Kaserne, Thermen und vieles andere, das zum Alltag der Römer gehörte.

Prächtige Fresken

In einigen der Häuser blieben auf den Innenwänden Fresken von erstaunlicher Farbenpracht erhalten. Sie waren von den damaligen Künstlern in einer speziellen Technik angefertigt worden: Die Farben wurden rasch auf einen noch feuchten Putz aufgetragen, sodass die Pigmente in die Schicht aus Marmorpulver und Kalk, aus denen der Putz bestand, eindrangen. Auf diese Weise bewahrten sie länger ihre strahlende Frische.

Die Mosaikkunst

Auf den Böden der Häuser und an den Wänden der Brunnen von Pompeji wurden sehr fein gearbeitete Mosaike gefunden. Die Künstler fertigten ihre Kunstwerke mit kleinen Quadern in verschiedenen Farben und Größen an. Die kleinsten hatten eine Seitenlänge von nur einem Millimeter. Die Mosaiksteinchen bestanden aus Natursteinen wie Marmor oder wurden aus farbiger Glaspaste geformt. Einige seltene Mosaike wurden aus Edelsteinen geschaffen.

Eines der schönsten Mosaike aus Pompeji. Es zeigt die Schlacht von Issos zwischen Alexander dem Großen und Dareios III.

Die Felsengräber

Versteckt im Herzen eines nur schwer zugänglichen Gebirges mit schroffen Felswänden birgt Petra Monumente von erstaunlicher Schönheit.

Im 1. Jahrhundert v. Chr. schlugen die Nabatäer in Petra im heutigen Jordanien beeindruckende Grabtempel in den Wüstenfels. Aufgrund ihrer Lage an einem nur schwer zugänglichen Ort blieben sie fast 1500 Jahre lang unentdeckt.

Am Kreuzungspunkt wichtiger Handelswege

In der Antike lag der Kreuzungspunkt mehrerer großer Handelswege zwischen dem Mittelmeer, Indien und Arabien in der Wüste im heutigen Jordanien. Zahlreiche Kamelkarawanen zogen mit Waren wie Gold, Silber, Edelhölzern, Gewürzen oder Weihrauch durch diese Wüste.

Wer waren die Nabatäer?

Ab dem 5. Jahrhundert v. Chr. ließen sich Nomaden vom Volk der Nabatäer in der Region nieder. Sie organisierten Karawanen, die den Transport der Waren übernahmen, und gelangten so zu beträchtlichem Wohlstand. Im 2. Jahrhundert v. Chr. suchten sie einen sicheren Ort für ihre Reichtümer und machten Petra zur Hauptstadt ihres Reiches, das abgeschieden in den Bergen lag. Der Ort befindet sich in einem Talkessel, der von allen Seiten von über 1000 m hohen Gipfeln umgeben ist. Der einzige Zugang zur Stadt ist eine 2 km lange Felsschlucht, die zwischen hoch aufragenden Felswänden kaum auszumachen ist.

In den Fels gehauene Gräber

Die Nabatäer meißelten Grabstätten in den Fels, in denen sie ihre Verstorbenen bestatteten. Zunächst waren es einfache Nischen und später kleine Hallen ohne Schmuck. Doch ab 50 v. Chr. ließen die Könige Tempel in den Fels hauen, die heute zu den schönsten Ruinen der Felsenstadt gehören.

von Petra

Diese Zeichnung zeigt eines der schönsten Felsengräber von Petra in dem Zustand, in dem es im 19. Jahrhundert entdeckt wurde. Das Khazne al-Firaun oder Schatzhaus war vermutlich die Grabstätte eines bedeutenden Herrschers der Nabatäer. Es hat drei Räume, der größte im hinteren Bereich ist 11 m lang, 13 m breit und 10 m hoch.

Eine Stadt verschwindet

Griechische Geschichtsschreiber berichteten, dass die Stadt mehr als 30 000 Einwohner zählte. Heute findet man kaum mehr Spuren von Häusern. Die Überreste einer langen gepflasterten Straße mit Kolonnaden und eines großen Amphitheaters lassen aber erahnen, wie reich die Stadt einst war. Die Archäologen vermuten, dass nur die Felsengräber den Erdbeben, die die Region im Laufe der Jahrhunderte erschütterten, standhalten konnten.

Wasser in der Wüste

In der Wüstenregion ist jeder Tropfen Wasser kostbar. Die Nabatäer stauten daher Wasserläufe auf, bauten Zisternen im Fels und legten Bewässerungskanäle und Wasserleitungen aus Ton an, die Wasser auf die Felder und in die Gärten leiteten.

Wundersame Entdeckung

Vom 5. Jahrhundert n. Chr. an verschiffte man die Waren über das Meer und ersparte sich den Weg durch die Wüste. Die Stadt Petra wurde aufgegeben. Ihre Gräber dienten den Hirten als Unterkünfte. 1812 erfuhr der Schweizer Johann Ludwig Burckhardt, der zum Islam übergetreten war, auf seiner Fahrt nach Mekka von der Existenz der Stadt Petra. Er überredete seine Führer, ihn zu der Stadt zu bringen. Während seines kurzen Besuchs fertigte er Zeichnungen an, die er nach Europa brachte. In der Folgezeit erforschten Archäologen die vergessene Stadt und ihre Schätze.

Möglicherweise waren die Räume im Innern der Gräber mit Gips verputzt und mit Malereien ausgeschmückt, die im Laufe der Zeit verschwanden.

Die Chine

Obwohl das Bauwerk über 6000 km lang ist, kann man die Chinesische Mauer entgegen aller Erwartungen vom Mond aus nicht erkennen.

Der Bau der Chinesischen Mauer begann im 3. Jahrhundert v. Chr. Mit einer Länge von über 6000 km ist sie das größte je von Menschenhand errichtete Bauwerk. Sie sollte das Chinesische Reich vor Angriffen aus dem Norden schützen.

Wer ließ sie bauen?
Um 500 v. Chr. ließen die Herrscher der untereinander zerstrittenen Reiche im Norden Chinas bereits Schutzwälle gegen die Angriffe der Mongolen und Tartaren errichten. Diese Nomadenvölker waren geschickte Reiter und fielen regelmäßig in den chinesischen Dörfern ein, um sie zu verwüsten. Im Jahr 214 v. Chr. vereinigte Kaiser Qin Shi Huangdi die kleinen Reiche und gründete die Qin-Dynastie, nach der China benannt wurde. Er beschloss, die einzelnen Verteidigungswälle miteinander zu verbinden und ließ entlang der gesamten Grenze eine mächtige Mauer errichten.

Wie wurde sie gebaut?
Kaiser Qin Shi Huangdi schickte 300 000 Soldaten, tausende von Bauern wurden angeheuert und Gefangene als Zwangsarbeiter eingesetzt. Mauern und Türme wurden aus dem Material errichtet, das gerade vorhanden war. Je nach Region bestanden sie aus Lehm, Steinen, Kies, Schilfrohr, Reisig oder auch aus Palmwedeln. Die Materialien wurden in eine Schalung aus Holzbrettern gefüllt und mit schweren Holzstampfern zusammengepresst. Die 3 m hohen Mauern waren unten etwa 4 m und oben 2,50 m breit.

Um welchen Preis!
Die Arbeit war sehr hart. In den Bergen mussten steile Abhänge erklommen werden und im Winter herrschte erbarmungslose Kälte. In den Wüsten war die Hitze beinahe unerträglich. Außer-

sische Mauer

Die Männer, die an der Chinesischen Mauer arbeiteten, wurden von Soldaten streng beaufsichtigt. Die Arbeit war so hart, dass sie viele Opfer forderte.

dem litten die Arbeiter Hunger. Vermutlich starben während der Bauarbeiten 10 Millionen Arbeiter. Darüber hinaus mussten die Chinesen zur Finanzierung des Unternehmens sehr hohe Steuern zahlen. Armut und Hunger waren die Folge.

Die Mauer überwunden

Im Jahr 1211 verbündeten sich einige Wachen der Mauer mit dem Mongolenführer Dschingis Khan, sodass er mit mehr als 100 000 Mann die Grenze überschreiten konnte. Die Mongolen besiegten die chinesische Armee und rissen die Macht an sich, bis sie 1368 von der neuen Ming-Dynastie wieder vertrieben wurden. Danach wurde die Mauer zusätzlich verstärkt.

Noch stärker befestigt

Erneut wurden tausende von Männern mobilisiert. Dieses Mal wurden die Mauern aus Steinen und im Ofen gebrannten Lehmziegeln errichtet. Sie waren bis zu 9 m hoch. Den Zwischenraum füllten die Arbeiter mit Steinen und Erde und legten Steinplatten obenauf. 2 m hohe Zinnen schützten die Soldaten vor Angreifern. Die Mauer war so breit, dass auf dem Wehrgang fünf Reiter nebeneinander Platz hatten. Es wurden über 30 000 Türme errichtet, das entspricht ungefähr einem Abstand von 200 m zwischen den Türmen. An schwierig zu verteidigenden Orten wie Tälern oder Flüssen wurde ein zweiter oder sogar ein dritter Verteidigungswall gezogen. Die Arbeit dauerte über 300 Jahre.

Die Burg

Die Burg von Himeji galt als uneinnehmbar. Sie wurde nie belagert und überstand die Jahrhunderte unbeschadet. Auch heute noch zeigt sie sich in einwandfreiem Zustand.

Die beeindruckende Burg von Himeji in Japan erinnert an eine Pagode, obwohl sie eigentlich eine wehrhafte Festung ist. Sie wurde 1346 erbaut und 1609 erweitert. Die Burg wurde nie eingenommen und überstand alle Erdbeben und sogar Taifune.

Den Erdbeben trotzen

In Japan müssen größere Bauwerke so errichtet werden, dass sie den häufig auftretenden Erdbeben und Wirbelstürmen standhalten können. In der Vergangenheit hat es sich bewährt, zwei große Stützpfeiler aus Holz tief in die Erde zu rammen. Bei Erdbeben oder schweren Stürmen wirken sie als Stoßdämpfer und fangen die Erschütterungen ab. Das Bauwerk bewegt sich zwar, stürzt aber nicht ein. In die Fundamente der Burg von Himeji wurden ebenfalls zwei Pfeiler von je 1 m Durchmesser eingelassen.

Die erste Burg

In jener Zeit, als die erste Burganlage errichtet wurde, trugen die Daimyo, die japanischen Feudalherrscher, häufig Scharmützel gegeneinander aus. Daher galt es, auf den Schutz seiner Besitztümer zu achten. Die Burg von Himeji wurde mit drei Stockwerken auf einem etwa 40 m hohen Hügel erbaut. Dafür erstellten die Bauarbeiter zunächst eine Konstruktion aus Holzbalken, deren Wände sie mit einer Mischung aus Lehm und Stroh auffüllten.

von Himeji

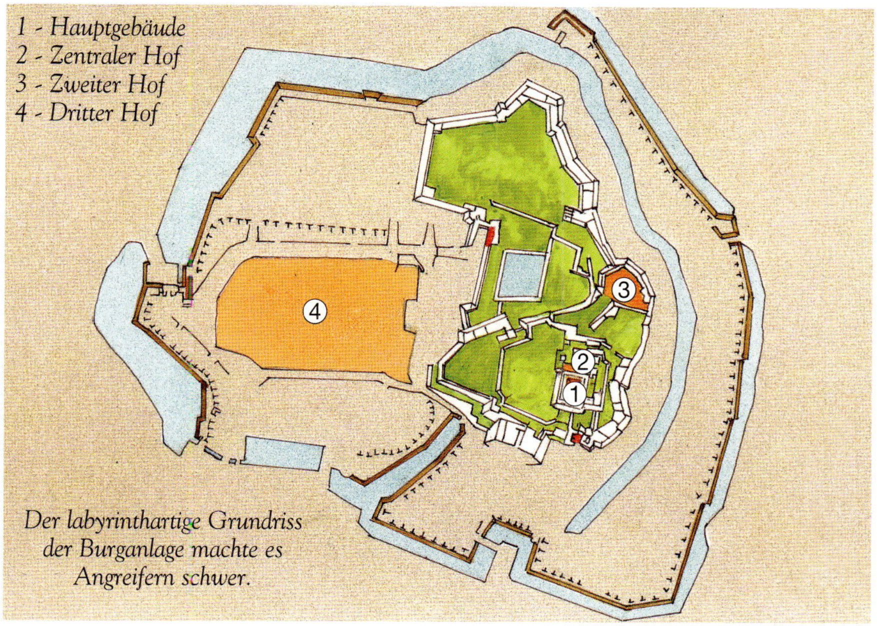

Der labyrinthartige Grundriss der Burganlage machte es Angreifern schwer.

Eine uneinnehmbare Festung

Die heutige Burg wurde unter der Herrschaft von Ikeda Teramasa zwischen 1601 und 1609 erbaut. Rund 1000 Arbeiter waren auf der Baustelle beschäftigt. Sie vergrößerten das Hauptgebäude, das nun fünf Stockwerke erhielt und 46 m hoch wurde. Zusätzlich bauten sie drei kleinere Nebengebäude und umgaben die Burg mit hohen Festungsmauern aus Steinblöcken, von denen einige bis zu 1 Tonne wogen. Die Außenseite der Steine wurde sorgfältig poliert, damit sie möglichst glatt war und Angreifern keine Gelegenheit bot, die Mauern zu erklimmen.

Muscheln schützen die Mauern

Die Wände aus Holz und Lehm-Stroh-Gemisch können schnell in Flammen aufgehen. Zum Schutz gegen Feuer wurden sie mit einem Putz aus Gips versehen, in dem auch Muschelstückchen enthalten sind. Sie verleihen der Burg ihre strahlend weiße Farbe.

Ein wahres Labyrinth

Die Festungsmauern erstrecken sich auf einer Gesamtlänge von 3 km und sind spiralförmig angelegt. Sie umgeben drei Innenhöfe. Um von einem Hof in den nächsten zu gelangen, müssen stark befestigte Tore überwunden werden. Zwischen den Mauern und Gebäuden der Burg liegt ein Gewirr von Gängen, von denen nicht wenige Sackgassen sind. Dank der vielen Pfeile und des heißen Öles, das auf die Angreifer gegossen wurde, war es fast unmöglich, das Hauptgebäude einzunehmen.

Im Innern der Festung schützten stark befestigte Tore die verschiedenen Zugänge.

Die Hagia

Die Hagia Sophia in Istanbul ist eines der wenigen Bauwerke dieser Größe und diesen Alters, das bis heute fast vollständig erhalten geblieben ist.

Kaiser Justinian wollte aus der Sophienkirche (Hagia Sophia** auf **Griechisch) die schönste Kirche der Welt machen. Er ließ das lichtdurchflutete Bauwerk ab 532 in Istanbul in der heutigen Türkei errichten.

Großartiger als der Salomonische Tempel

Am 27. Dezember 537 weihte Justinian, Kaiser des christlichen Byzantinischen Reiches, die Kirche ein, die er in Konstantinopel (dem späteren Istanbul) erbaut hatte. Der Herrscher war überaus stolz auf die Schönheit des Bauwerks und überzeugt davon, dass es den Tempel von König Salomon in Jerusalem (siehe S. 30) noch übertraf. Er war so glücklich, dass er laut ausrief: „Salomon, ich habe dich übertroffen!“

Eine Kirche für Theodora

Justinian ließ die Kirche auf Bitten seiner Gemahlin Theodora errichten. Die Kaiserin wünschte, dass die Kirche an der gleichen Stelle, an der der Vorgängerbau bei einem Aufstand fünf Jahre zuvor zerstört worden war, wieder aufgebaut wurde. Daraufhin beauftragte der Kaiser die beiden griechischen Baumeister Anthemios von Tralleis und Isidor von Milet mit den Plänen für die Kirche. Sie beschlossen, das Gebäude in Form eines griechischen Kreuzes mit einer riesigen Kuppel in der Mitte zu bauen. Das gewaltige Gewölbe sollte den Himmel darstellen, auf vier großen Pfeilern aufliegen und 40 steinerne Bögen aufweisen.

Baumaterial aus allen Landesteilen

Der Bau dauerte fünf Jahre. Rund 10 000 Arbeiter und 100 Maurermeister wurden angestellt. Nur die besten und schönsten Materialien aus allen Teilen des Reiches wurden verarbeitet: weißer, grüner, rosa und gelber Marmor sowie Steine, Säulen und Verzierungen von mehreren Tempeln aus Ägypten

Sophia

Die atemberaubende Kuppel aus Ziegelsteinen wölbt sich in 56 m Höhe. Sie hat einen Durchmesser von 31 m. Durch kleine Fenster fällt Licht in den Innenraum.

und Griechenland und vor allem vom Artemistempel in Ephesos (siehe S. 12).

Eine neue, noch höhere Kuppel

Ein Erdbeben erschütterte Konstantinopel im Jahr 538 so sehr, dass die Kuppel der Kirche einstürzte. Isidor von Milet der Jüngere, ein Neffe des ersten Baumeisters, leitete den Wiederaufbau und erhöhte die Kuppel um 5 m. Er verstärkte das Gebäude mit zusätzlichen Strebepfeilern.

Prächtige Mosaike

Bereits der ursprüngliche Bau war mit prachtvollen Mosaiken ausgeschmückt, die aus tausenden winziger Marmor- oder Glassteinchen in verschiedenen Farben zusammengefügt wurden.

Moschee und Museum

1453 eroberte Sultan Mehmet II. Fatih Konstantinopel. Die christliche Kirche wurde in eine muslimische Moschee umgewandelt und dem Bau wurden vier Minarette hinzugefügt. Die prächtigen Mosaike mussten verschwinden, da man im Islam vermeidet, in Gebetsräumen Lebewesen bildlich darzustellen. Glücklicherweise wurden die Mosaike aber nicht zerstört, sondern von einer Schicht Putz aus Kalk überdeckt. Als die Hagia Sophia 1934 zum Museum wurde, legte man die wunderbaren Mosaike wieder frei und restaurierte sie.

Ihren Glanz verdankt die Kirche zum Teil den prachtvollen Mosaiken.

Die Sonnen

Der Ort Teotihuacán nahe Mexiko-Stadt und seine beeindruckende Sonnenpyramide sind eine bedeutende Touristenattraktion.

Die beeindruckende Sonnenpyramide, die den Ort Teotihuacán überragt, birgt viele Geheimnisse. Sie liegt nur wenige Kilometer von Mexiko-Stadt, der Hauptstadt Mexikos, entfernt. Bis heute ist unklar, wer sie erbaute und wem sie geweiht war.

Das zweithöchste Bauwerk Amerikas

Die Sonnenpyramide ist fast ebenso breit wie die ägyptische Pyramide von Cheops (siehe S. 7). Sie ist zwar nur halb so hoch, erreicht aber dennoch stolze 63 m. Vor der Ankunft der Spanier war sie eines der höchsten Bauwerke Amerikas im 15. Jahrhundert. Ihre Erbauer begannen mit dem Bau um das Jahr 100 über einer unterirdischen Grotte, später erweiterten sie die Pyramide und vollendeten sie schließlich im Jahr 225. Der Grotte wegen vermuten Archäologen, dass das Bauwerk dem Regengott gewidmet war.

Ein unbekanntes Volk

Von der gesamten Stadt und den Erbauern der Pyramide wissen wir so gut wie nichts. Sie besaßen keine Schrift und hinterließen daher keine schriftlichen Zeugnisse, nicht einmal der Name ihrer Stadt ist überliefert. Erst viele Jahrhunderte später nannten die Azteken sie Teotihuacán. Ausgrabungen ergaben, dass das geheimnisvolle Volk sich Mitte des 2. Jahrhunderts v. Chr. auf der Hochebene in 2000 m Höhe niederließ.

Ähnlichkeiten mit den Pyramiden Mesopotamiens

Die Pyramide wurde nicht aus Steinen, sondern aus luftgetrockneten Ziegeln errichtet, die mit vulkanischem Staub und Kies aneinander gefügt wurden. Dann wurde sie dick mit Stuck verputzt und rot bemalt. Aus Vulkangestein wurden die Vorbauten und die Treppen, die zur Spitze führen, gebaut. Die Pyramide von Teotihuacán besteht wie die Zikkurate Mesopotamiens (siehe S. 25) aus fünf Plattformen mit geneigten Seitenflächen, die fünf Terrassen bilden. Auf der letzten Stufe stand vermutlich ein Tempel, der heute allerdings verschwunden ist.

Keine Werkzeuge aus Metall

Kein einziges Werkzeug aus Metall – weder aus Kupfer noch aus Eisen – wurde in der Stadt gefunden. Die Steinhauer müssen Hämmer und Meißel aus sehr hartem Stein verwendet haben, um das weiche Vulkangestein zu bearbeiten. Sie schufen prächtige Köpfe von Göttern und herrliche Flachreliefs.

Eine reiche Stadt

Die Stadt lebte vom Handel. Durch den Verkauf landwirtschaftlicher Produkte und wertvoller Mineralien wie Obsidian wuchs sie beträchtlich. Tempel und reich verzierte Paläste wurden errichtet. Die Stadt hatte über 2000 Häuser und ungefähr 150 000 Einwohner. Im 8. Jahrhundert brannte ein Teil der Stadt aus ungeklärten Gründen nieder. Die Bewohner flohen, der Ort wurde aufgegeben.

Von den Azteken wiederentdeckt

Sieben Jahrhunderte später ließen sich die Azteken in der Region nieder. Sie waren so beeindruckt von den Ruinen der Stadt, dass sie ihr den Namen Teotihuacán, „Ort, wo man zu Gott wird", gaben. Darüber hinaus ersannen sie eine Legende, die besagte, dass an diesem Ort die Zeit geboren wurde. In der Höhle unter der Pyramide sollen auch Sonne und Mond entstanden sein. Nach Ansicht der Azteken wurde die große Pyramide zur Feier dieses Ereignisses errichtet.

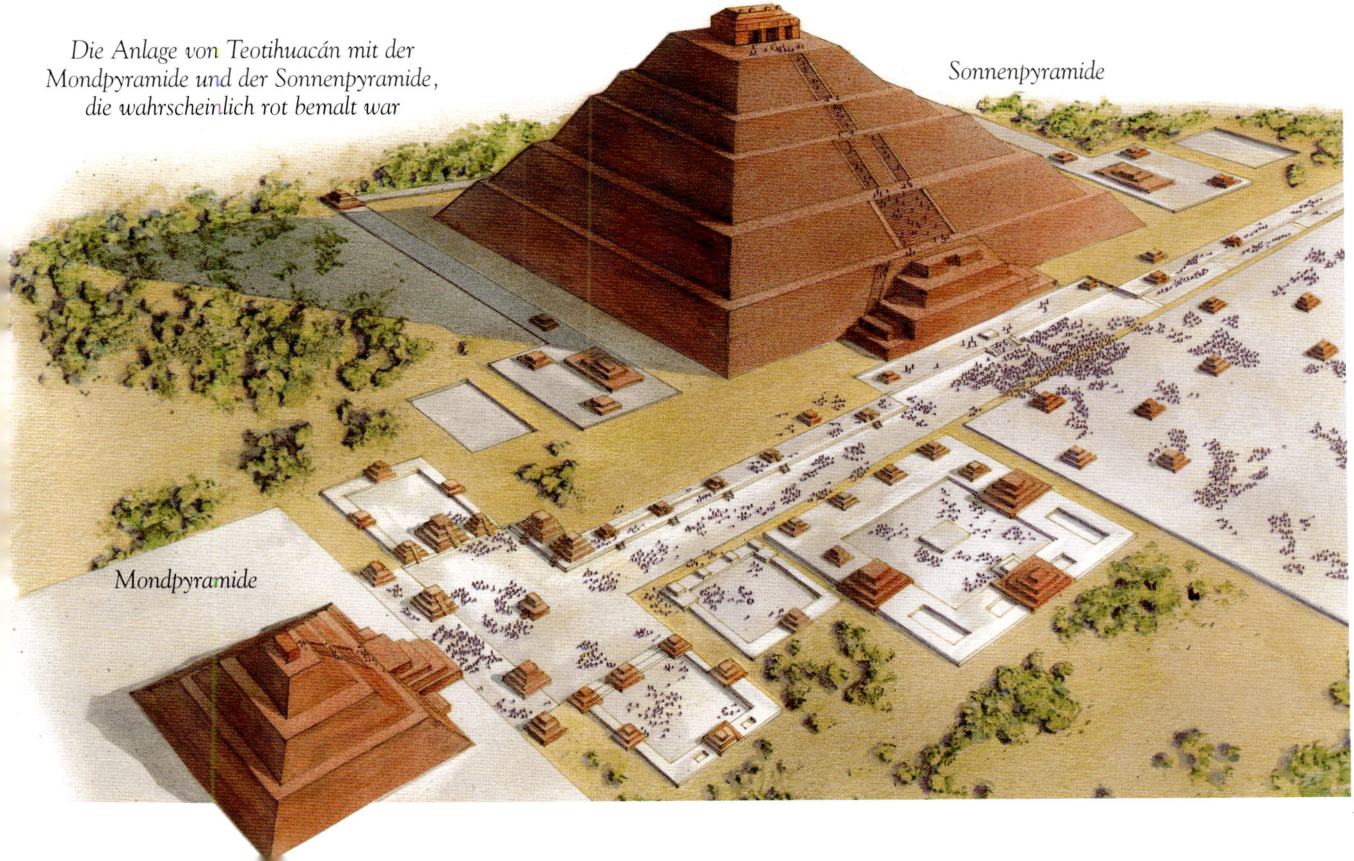

Die Anlage von Teotihuacán mit der Mondpyramide und der Sonnenpyramide, die wahrscheinlich rot bemalt war

Die geheimnisvolle Grab

Palenque liegt inmitten eines dichten Regenwalds. Es wurde im 10. Jahrhundert aufgegeben und verschwand unter der üppigen Vegetation des Urwalds. Die Bäume und Pflanzen überwucherten nach und nach die Grabstätte von König Pacal, den sogenannten „Tempel der Inschriften".

Das Rätsel um das Grab des Maya-Königs Pacal in Palenque in Mexiko wurde erst im 20. Jahrhundert gelüftet, obwohl das Bauwerk bereits 200 Jahre zuvor wiederentdeckt worden war.

Erzählungen über die Geschichte von Pacal

Die Pyramide mit ihren neun Stufen ist nicht besonders groß, besticht aber durch den Reichtum der Inschriften auf ihren Innenwänden. Die zahlreichen Flachreliefs und die in der sehr komplexen Sprache der Maya verfassten Texte erzählen die Geschichte verschiedener Personen, darunter auch die von König Pacal, der „Großes Sonnenschild" genannt wurde. Der Maya-König bestieg 615 im Alter von 12 Jahren den Thron. Er ließ zahlreiche Gebäude in der Stadt Palenque, der Hauptstadt seines Reiches, errichten. Doch erst im hohen Alter von 72 Jahren, im Jahr 675, begann er mit dem Bau seiner Grabstätte, deren Vollendung er nicht mehr erlebte. Sein Sohn stellte den Bau fertig.

Eine geheime, unentdeckte Treppe

Aus unbekannten Gründen wurde die Stadt aufgegeben und vergessen. Die Tempel und Paläste verschwanden unter der üppigen Vegetation der feuchtwarmen Region. Im 18. Jahrhundert kamen spanische Reisende in die Ruinenstadt. Sie entdeckten den erstaunlichen Ort, legten die Gebäude frei und erforschten sie. Aufgrund der vielen Flachreliefs am Tempel tauften sie die Pyramide von König Pacal auf den Namen „Tempel der Inschriften". Im Jahr 1949 bemerkte der mexikanische Archäologe Alberto Ruz, dass sich eine mit Löchern versehene Bodenfliese herausnehmen ließ. Darunter entdeckte er die Stufen einer zugeschütteten Treppe.

Ein gut verborgenes Grab

Drei Monate lang schaufelte der Archäologe die Treppe

stätte von Palenque

Lange Zeit vermutete niemand, dass in dieser Pyramide die Grabstätte des Maya-Königs Pacal liegen könnte. Die geheime Treppe, die zum Grab führt, war unter vielen Tonnen Schutt verborgen.

frei und entfernte Tonnen von Schutt, die den Zugang versperrten. Er kam an eine schwere Steintür und öffnete sie. Hinter der Tür entdeckte er eine Krypta mit einem Steinsarkophag. Dem Archäologen war sofort klar, dass der Sarkophag nicht über die Treppe hinuntergetragen, sondern vor dem Bau der Pyramide aufgestellt worden sein musste. Die Grabkammer war demnach um den Sarkophag gebaut worden. Erst danach hatte man damit begonnen, darüber das gesamte Pyyramidengebäude zu errichten. Mit Fortschreiten der Bauarbeiten wurde auch die Treppe Stufe um Stufe verlängert.

Eine Grabkammer in Form einer Hütte

Die Grabkammer ist 9 m lang und 4 m breit und hat Ähnlichkeit mit den Hütten der Maya-Bauern. Sie besteht aus großen Kalksteinblöcken, die in der speziellen Technik der Maya behauen sind. Das Grab von König Pacal wurde so angelegt, dass die Decke der Kammer das Gewicht der gesamten Pyramide tragen konnte. Dieses Gewicht trägt sie seit nunmehr fast 1400 Jahren. Eine architektonische Meisterleistung!

Der Sarkophag von König Pacal im Herzen der Pyramide hat einen reich verzierten Sargdeckel. Er zeigt König Pacal im Augenblick seines Todes, in dem er in das unterirdische Reich seiner Vorfahren hinabzusteigen scheint.

Stadt in den Wolken:

Machu Picchu heißt „Alte Bergspitze". Es ist der Name des Berges, auf dem die erstaunliche Stadt in 2450 m Höhe thront.

Die Inka-Stadt Machu Picchu im heutigen Peru ist und bleibt ein Rätsel. Warum wurde sie an einem so abgeschiedenen und schwer zugänglichen Ort errichtet? Warum wurde sie wieder aufgegeben? Da die Inka keine Schrift hatten, können wir nur Vermutungen anstellen.

Isolierte Lage in erhabener Umgebung

Die Stadt Machu Picchu wurde in 2450 m Höhe in einer atemberaubenden Umgebung errichtet. Sie liegt im Schatten hoher Berggipfel inmitten der Bergkette der Anden. Ein dichter grüner Teppich von Pflanzen bedeckt den Ort und die Berge am Rand des Dschungels. Schluchten von über 400 m Tiefe trennen die Stadt vom Tal. Es ist ein Ort, der sich leicht verteidigen lässt. Den einzigen Zugang zur Stadt bildete einst der Inka-Pfad, der über einen 4000 m hoch gelegenen Pass führte. Seit dem 20. Jahrhundert kann man über eine Straße nach Machu Picchu gelangen.

Warum eine Stadt an einem solchen Ort?

Nach Ansicht zahlreicher Historiker ließen sich die Inka Mitte des 15. Jahrhunderts hier nieder, also etwa hundert Jahre vor der Ankunft der spanischen Eroberer. Die Stadt könnte als Zwischenstation für Händler gedient haben, die im Regenwald des Amazonas Früchte und Vogelfedern sammelten. Es könnte auch ein heiliger, dem Kult am Sonnengott geweihter Ort gewesen sein. Eine andere Theorie besagt, dass es sich um ein astronomisches Observatorium gehandelt habe.

Millimetergenau eingepasste Steinblöcke

Die Inka waren außergewöhnlich gute Steinhauer. Mit Werkzeugen aus Kupfer und Hämatit, einem sehr harten, eisenhaltigen Stein, konnten sie große Granitblöcke behauen. Sie verliehen ihnen regelmäßige Formen und polierten sie wahrscheinlich mit Sand. Die zum Teil tonnenschweren Steine wurden milli-

Machu Picchu

Das Wohnviertel

metergenau eingepasst. Sie sitzen so eng aneinander, dass in den Ritzen nicht einmal Moos wachsen kann.

Unterschiedliche Viertel

Die Stadt Machu Picchu besaß drei Stadtviertel. Das erste Viertel am Ortseingang bestand aus Terrassen voll fruchtbarer Erde, die vermutlich auf dem Rücken aus dem Tal nach oben getragen wurde. Lange Steinmauern verhinderten, dass der ergiebige Regen der Region die Erde fortschwemmte. Die Bewohner bauten dort Mais und Kartoffeln an. Im zweiten Stadtviertel standen zweigeschossige Häuser. Jeweils zehn Häuser waren um einen Hof angeordnet. Über enge, schnurgerade Gässchen gelangte man von einem Ort zum anderen. Im dritten Viertel standen religiöse Bauwerke. Es sind die größten Bauten der Stadt mit sehr sorgfältig behauenen Steinen.

Die vergessene Stadt

Die Stadt wurde zu Beginn des 16. Jahrhunderts aufgegeben. Möglicherweise mussten die Bewohner fliehen oder sie wurden Opfer einer tödlichen Krankheit wie der Pest. Die Vegetation eroberte die Stadt nach und nach zurück. Bei ihrer Ankunft in Peru im Jahr 1532 scheinen die Spanier nichts von der Stadt erfahren zu haben.

Ein zufriedener Archäologe

Erst im Jahr 1911 entdeckte ein von einem Bauern geführter amerikanischer Archäologe die Stadt. Der Forscher war sprachlos angesichts der beeindruckenden Ruinen. Er begann, die Stadt freizulegen und fand dort zwar weder Gold noch Silber, dafür aber Töpferwaren und Gegenstände aus Bronze und Vulkangestein. Obendrein brachte er auch 175 Skelette in über 50 Grabstätten ans Tageslicht.

Der Turm des Sonnentempels: Jedes Jahr am 21. Dezember, dem Tag des Sommerbeginns in Peru, geht die Sonne genau in der Verlängerung des Tempelfensters auf.

Der buddhistische Tem

Die Pyramide von Borobudur ist für Buddhisten eine heilige Stätte. Die Tempelanlage geriet neun Jahrhunderte in Vergessenheit, wurde wiederentdeckt und komplett restauriert.

Die Tempelanlage von Borobudur auf der Insel Java in Indonesien ist eine Art großes Bilderbuch. Entlang des Prozessionsweges, der zur Spitze der Pyramide führt, wird anhand zahlreicher Skulpturen das Leben Buddhas dargestellt.

Ein 5 km langer Weg

Die Pyramide von Borobudur im Herzen des indonesischen Dschungels ist auch heute noch ein Wallfahrtsort für gläubige Buddhisten. Sie erklimmen den Gipfel, indem sie jede der rechteckigen Terrassen sowie die drei kreisförmigen Terrassen entlanglaufen. Sie müssen darauf achten, im Uhrzeigersinn zu laufen, sodass das Gebäude immer zu ihrer Rechten liegt. Insgesamt legen sie dabei eine Srecke von 5 km zurück. Bei jedem Schritt meditieren sie über die Lehren Buddhas. Der junge, im 6. Jahrhundert v. Chr. in Indien geborene Prinz lehrte die Menschen, wie sie nach ihrem Tod ins Paradies, das er Nirwana nannte, gelangen können.

Über 500 Buddha-Statuen

Die Tempelanlage von Borobudur wurde Ende des 8. Jahrhunderts von den reichen Königen der Sailendra-Dynastie errichtet. Das Heiligtum hat eine Seitenlänge von 123 m und ist 32 m hoch. Es gibt dort 504 Buddha-Statuen. Auf den kreisförmigen Terrassen stehen 72 Stupas, glockenförmige Bauten mit einer Statue im Innern. Die Spitze der Pyramide krönt ein großer Stupa, in dem eine unvollendete Buddha-Statue steht.

Eine Pyramide auf einem Hügel

Die Erbauer von Borobudur bauten keine komplette Pyramide. Sie nutzten eine bereits bestehende natürliche Hügelkuppe, die sie mit Erde und Steinen aufschütteten. Schließlich legten sie Steinblöcke aus Vulkangestein darüber. Da kein Steinbruch nachgewiesen werden konnte, gehen die Archäologen davon aus, dass die relativ

pel von Borobudur

Die Pyramide ist mit unzähligen Flachreliefs verziert, die wahrscheinlich bemalt waren.

kleinen Steinblöcke aus dem am nächsten gelegenen Flussbett geholt wurden. An einigen Stellen kann man noch Reste von blauer, roter und grüner Farbe entdecken. Vermutlich war die gesamte Pyramide bemalt oder sogar mit Blattgold verziert. Man kann sich gut vorstellen, wie prachtvoll sie einst aussah.

Kein Zement

Die Erbauer vollbrachten eine große Leistung, da sie weder Zement noch Mörtel benutzten. Sie bearbeiteten die Steine so genau, dass sie perfekt aneinander passten. Mithilfe von sehr harten Steinen, denen sie die Form einer Klammer verliehen, verbanden sie die Blöcke miteinander. Leider entstanden bei dieser Methode Ritzen zwischen den Steinen. Die ergiebigen Regenfälle in der Region sorgten dafür, dass Wasser eindrang und in den Boden sickerte. Der Sockel der Pyramide drohte nachzugeben.

Internationale Hilfe

Im 10. Jahrhundert verließ die Bevölkerung aus bislang unbekannten Gründen die Region. Die Tempelanlage geriet 900 Jahre lang in Vergessenheit, bis die Niederländer, die Java eingenommen hatten, 1814 die Vulkanasche und die Pflanzen, die das Heiligtum bedeckten, entfernten. Nun waren die Steine schutzlos Wind, Regen und Temperaturschwankungen ausgesetzt und ihr Zerfall beschleunigte sich. Zwischen 1973 und 1983 wurden die Bauten mit Unterstützung der UNESCO restauriert. So konnte die Tempelanlage gerettet werden.

Auf den Terrassen der Kultstätte stehen Dutzende von Stupas mit je einer Buddha-Statue im Innern.

Die Tempelstadt

Angkor Wat bedeutet „Tempelstadt". Die Anlage ist weltweit eine der größten Tempelanlagen und wurde von den Khmer erbaut.

Die Tempelstadt Angkor Wat im heutigen Kambodscha ist das beeindruckendste Monument von Angkor, der ehemaligen Hauptstadt des Königreichs der Khmer. Sie barg die Asche von König Surjawarman II.

Gigantische Ausmaße

Das im 12. Jahrhundert inmitten des Dschungels von Kambodscha errichtete Angkor Wat ist riesig groß. Der Tempel mit seinen drei verschiedenen Ebenen ist 215 m lang und 187 m breit. Sein höchster Turm ragt 65 m hoch auf. Mit diesen Maßen gehört der Tempel zu den größten religiösen Monumenten der Welt und übertrifft sogar noch den Petersdom in Rom (S. 72–73). Außerdem wurde der Tempel auf einer großen, von einer Mauer umgebenen Fläche errichtet und ist von einem 200 m breiten Wassergraben umgeben.

Darstellung der Welt

Archäologen zufolge soll der Tempel die Welt nach den hinduistischen Glaubensvorstellungen darstellen: Der Wassergraben entspricht dem Ozean, in dem das Leben geboren wurde; die Ringmauer stellt die Gebirgskette dar, die die Welt umgibt; die wie Lotusblüten geformten Türme im Zentrum der Anlage bilden die fünf Spitzen des Berges Meru nach, der als Zentrum des Universums und Sitz der Götter gilt. König Surjawarman II., der den Tempel in der Zeit zwischen 1113 und 1150 errichten ließ, weihte das Bauwerk Vishnu, einem der wichtigsten Götter der Hindus.

Wo wurde die Asche von Surjawarman bestattet?

Der höchste Turm im Herzen der Anlage beherbergt eine Kapelle. Unter den Bodenfliesen entdeckten Archäologen einen 23 m tiefen Schacht. Bei seiner Erforschung fanden sie Blattgold und zwei Saphire. Wahrscheinlich handelte es sich hierbei um den Ort der Bestattung mit der Asche des Königs.

Transport und Aufstellung der Steine

Die Innenräume der Anlage wurden mit Steinen, Sand und Laterit, einer Verwitterungsform bei Ge-

Angkor Wat

stein, ausgestattet. Mauern und Böden bestehen aus Sandsteinblöcken, die aus einem 50 km von Angkor entfernten Steinbruch stammen. Vermutlich wurden die Blöcke auf Frachtkähnen, die auf den Bewässerungskanälen für die Reisfelder fuhren, transportiert. Die Steine wurden mit Flaschenzügen und Seilen aus Kokosfasern an ihren Platz nach oben gezogen. In den Bodenplatten entdeckte man Löcher von der Größe einer Bambusstange. Möglicherweise errichteten die Bauarbeiter Gerüste aus Bambus.

Meterweise Flachreliefs

Die Mauer, die den größten Hof umgibt, ist mehrere hundert Meter lang und mit Flachreliefs verziert, die von den Mythen des Hinduismus und dem Leben des Königs erzählen. Die Skulpturen sind sehr glatt und glänzen – eine Folge der Heerscharen von Pilgern, die hierher kamen und sie berührten.

500 Jahre in Vergessenheit

Im 15. Jahrhundert wurden die Khmer von den Thai, ihren Nachbarn aus Thailand, entmachtet. Angkor war folglich nicht länger die Hauptstadt des Reiches. Der Tempel wurde zunächst ein Wallfahrtsort für die Buddhisten und geriet schließlich in Vergessenheit. Erst Mitte des 19. Jahrhunderts entdeckte ihn ein französischer Naturforscher. Damals begann man den Tempel zu restaurieren, doch die Arbeiten mussten während der Kriegsjahre in Kambodscha im 20. Jahrhundert unterbrochen werden.

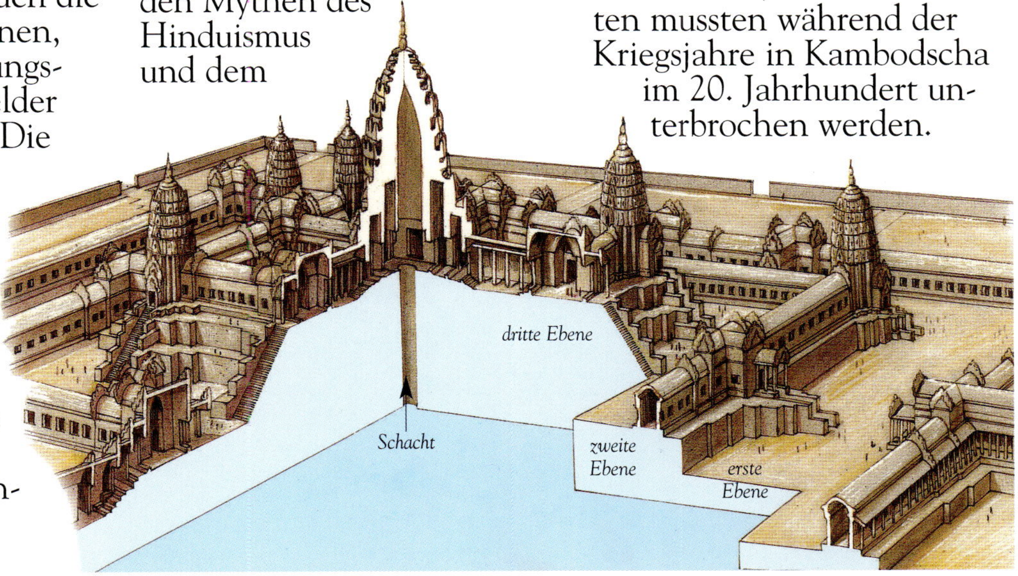

Krak des

Von Krak aus wurde die Straße überwacht, die in die heilige Stadt Jerusalem führte.

Krak des Chevaliers im heutigen Syrien war eine der mächtigsten Festungen des Mittelalters. Von der Anlage aus wurde die Straße nach Jerusalem verteidigt, die 2000 Männern und ihren Pferden Platz bot.

Eine gewaltige Festung

Die auf einem Hügel erbaute Kreuzfahrerburg scheint uneinnehmbar zu sein. Tatsächlich hielten die beiden Ringmauern und die 13 Türme zahlreichen Angriffen stand. Die Burgherren konnten letztlich nur mit einer List besiegt werden.

Die Verteidigung der heiligen Stadt

Krak war ursprünglich von den Arabern im 11. Jahrhundert errichtet worden und diente der Kontrolle der Küstenstraße und der Abwehr von Angriffen benachbarter muslimischer Reiche. Die christlichen Kreuzfahrer nahmen sie 1099 auf ihrem Marsch nach Jerusalem ein. Ritter aus ganz Europa waren dem Aufruf des Papstes gefolgt, die Stadt und das Grab Jesu Christi zu befreien, denn damals befand sich Jerusalem in der Hand der türkischen Seldschuken. Die Kreuzfahrer eroberten die heilige Stadt im gleichen Jahr. Sie errichteten in der Folgezeit zahlreiche Festungen entlang der Straßen, die nach Jerusalem führten, um mit allen Mitteln zu verhindern, dass die Muslime die Stadt wieder in ihre Gewalt bekamen.

Ordensritter und Baumeister

Nach Verlust und Wiedereroberung der Burg wurde sie 1142 den Johannitern anvertraut. Als Ordensritter waren diese gleichzeitig Mönche und Ritter. Sie verstärkten die Wehranlagen, errichteten eine zweite Ringmauer und erweiterten die Festung, sodass sie 2000 Menschen beherbergen konnte. Dafür ließen die Johanniter erfahrene Maurer aus ganz Europa kommen. Während der Bauarbeiten musste die Garnison immer wieder Angriffe der Muslime abwehren. Auch zwei Erdbeben richteten schwere Schäden an.

Den Feind blenden

Das einzige Tor zur Burg konnte man nur über eine 50 m lange gewölbte Passage erreichen, die breit genug für die Ritter zu Pferd war. Der Gang war dunkel und

Chevaliers

Krak war durch zwei Ringmauern sehr gut befestigt. Da die Festung auf einer Anhöhe lag und die Wachtürme ebenfalls recht hoch waren, konnte man weit sehen.

fensterlos. Mögliche Angreifer, denen es gelang, in den Gang vorzudringen, wurden an seinem Ende von der Sonne geblendet. Dieses Überraschungsmoment wussten die Verteidiger der Burg zu nutzen.

Lebensmittel für fünf Jahre

Neben den Rittern, die die Burg verteidigten, befanden sich noch weitere bewaffnete Männer auf der Burg. Sie alle schliefen in einem riesigen Saal. Die Pferde waren in großen Ställen untergebracht. In der Festung gab es eine Windmühle und einen gewaltigen Brotofen. Außerdem soll es dort Lebensmittelvorräte für fünf Jahre gegeben haben.

Ein Aquädukt für die Wasserversorgung

Krak verfügte über einen Brunnen innerhalb der Burgmauern, dessen Wasser jedoch nicht für die gesamte Wasserversorgung ausreichte. Daher wurde ein Aquädukt gebaut, das Wasser aus den Bergen zur Festung leitete. Ein gewaltiger Wassergraben, der gleichzeitig auch der Verteidigung diente, wurde damit gefüllt.

Durch eine List besiegt

Mitte des 13. Jahrhunderts hielten nur etwa 60 Ritter die Festung. Im Jahr 1271 drangen Sultan Baibar und seine Mamelucken nach einmonatiger Belagerung in die Festung ein. Die belagerten Ritter flüchteten in die Kernburg. Eine Brieftaube brachte ihnen die Nachricht ihres Vorgesetzten mit dem Befehl sich zu ergeben. Nachdem sie die Waffen niedergelegt hatten, stellte sich heraus, dass die Nachricht eine Fälschung des Sultans war. So konnten die Mamelucken die Festung erobern.

Weltberühmt: der

Bereits kurz nach Baubeginn im Jahr 1173 begann der Turm von Pisa in Italien, sich zur Seite zu neigen. Erst am Ende des 20. Jahrhunderts konnte die Seitwärtsbewegung durch Festigung des Untergrunds gestoppt, wenn auch nicht rückgängig gemacht werden.

Ein über 14 000 Tonnen schweres Meisterwerk

Der schiefe Turm von Pisa ist ein Campanile, ein frei stehender Glockenturm. Er gehört zum romanischen Dom der Stadt Pisa im Nordwesten Italiens und steht einige Meter neben der Kirche. Er ist 55 m hoch und hat acht Stockwerke, die man über eine Wendeltreppe mit 293 Stufen erklimmen kann. Die 207 Marmorsäulen der äußeren Bogengänge verleihen dem Turm eine gewisse Leichtigkeit. Doch der Eindruck täuscht, da der Turm mit seinen 3 m dicken Mauern ungefähr 14 500 Tonnen wiegt.

Ein ungelöstes Konstruktionsproblem

Nur selten machte ein Bauwerk seinen Baumeistern so große Schwierigkeiten. Der Architekt Bonanno Pisano begann 1173 mit dem Bau. Fünf Jahre später war das dritte Stockwerk fast vollendet, als er überrascht feststellte, dass der Turm nicht mehr senkrecht stand; er neigte sich einige Millimeter nach Süden. Die Arbeiten mussten unterbrochen wer-

schiefe Turm von Pisa

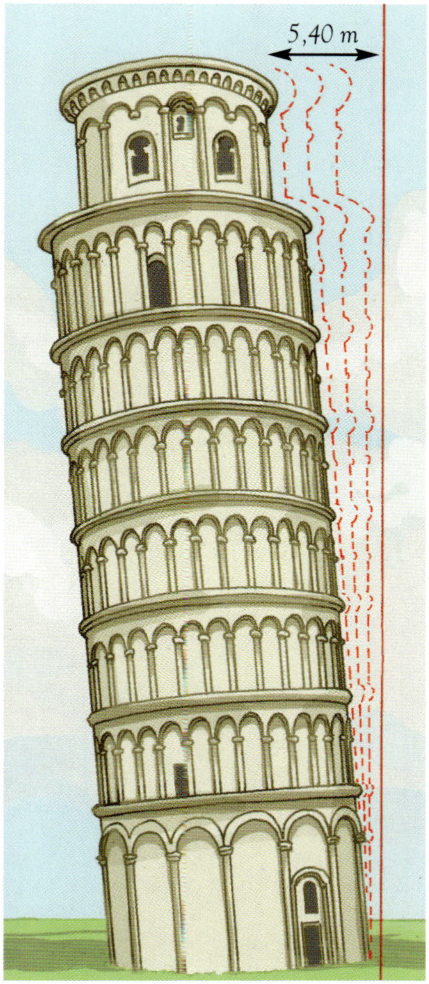

Das ist die derzeitige Abweichung des Turmes von der senkrechten Achse. Die Entwicklung der Schräglage im Laufe der Jahrhunderte wurde in gestrichelten Linien dargestellt.

den. Erst ein Jahrhundert später, im Jahr 1272, wurden sie unter der Leitung des Architekten Giovanni da Simone wieder aufgenommen. Er beschloss, die Schräglage auszugleichen, indem er den Turmbau nach Norden neigte. Dafür verlängerte er die Säulen auf der Südseite um einige Zentimeter. Der Turm mit seinen vier zusätzlichen Stockwerken erhielt auf diese Weise die Form einer Banane. Als man 1278 erneut erkennen musste, dass der Turm sich weiter neigte, wurden die Bauarbeiten wieder eingestellt. Erst 1370 wurde das achte und letzte Stockwerk mit der Glockenstube gebaut. Insgesamt wurde 13 Jahre am Turm gearbeitet, wobei der Bau sich allerdings über zwei Jahrhunderte erstreckte.

Warum neigt sich der Turm?

Ursache für die Schräglage des Turmes ist der Untergrund von Pisa. Für das Bauwerk wären solidere Fundamente nötig gewesen als der 3 m tief in den Boden reichende Unterbau des Turmes. Unter dem Gewicht des Gebäudes sank der Boden ab und der Turm wurde im Laufe der Jahrhunderte immer schiefer; er neigte sich jedes Jahr um 1 bis 2 mm. Wissenschaftlern zufolge wäre er bei dieser Geschwindigkeit vor Ende des 21. Jahrhunderts eingestürzt. Erstaunlicherweise überstand der Turm mehrere Erdbeben unbeschadet.

Die Rettung

Am 7. Januar 1990 wurde der Turm für Besucher gesperrt und mit der Stabilisierung des Untergrunds begonnen. Nach mehreren erfolglosen Versuchen begann man 1999 mit der Entnahme von Boden unter der Nordseite des Turmes. Über Bohrlöcher wurden etwa 30 Tonnen Erdreich herausgebohrt. Durch den Aushub richtete sich der Turm um etwa 44 cm auf. Gleichzeitig spannte man Stahlseile, die den Turm im schlimmsten Fall halten sollten. Sie wurden inzwischen wieder entfernt. Seit 1995 neigt der Turm sich nicht mehr. Den Vorhersagen zufolge müsste er mindestens 100 Jahre lang fest stehen.

Nicht mehr als 30 Besucher gleichzeitig

Seit Ende 2001 darf der Turm wieder erklommen werden. Aus Sicherheitsgründen dürfen allerdings nicht mehr als 30 Personen auf einmal auf das Gebäude.

Ein märchenhafter

Im Hintergrund erheben sich die Berge der Sierra Nevada. Davor thront die Festung über der Stadt Granada. Von außen kann man sich kaum vorstellen, welch sagenhafte Paläste und Gärten darin verborgen liegen.

Die Alhambra im spanischen Granada wirkt nach außen wie eine Festung. Innerhalb der Mauern verbergen sich jedoch luxuriöse Paläste und üppige Gärten. Die von den maurischen Herrschern im 13. Jahrhundert erbaute Residenz war in ganz Europa berühmt.

Sagenhafte Gärten

Für den legendären Ruf der Alhambra sind zum Teil die Gartenanlagen verantwortlich, in denen Zypressen, Palmen, Myrtengewächse, Orangenbäume und Lorbeerbüsche wachsen und Wasserspiele und Springbrunnen inmitten der ansonsten trockenen Region Spaniens für unerwartete Frische sorgen.

Eine arabische Festung

Die Alhambra wurde auf einer 700 m hohen Anhöhe oberhalb der Stadt Granada errichtet. Sie war das Werk der maurischen Herrscher aus Nordafrika, die einen großen Teil Spaniens zu Beginn des 8. Jahrhunderts erobert hatten. Nachdem die Mauren mehrmals von den katholischen Königen angegriffen worden waren, bauten sie eine Festung, die sie mit einer dicken, 1,5 km langen Mauer mit 30 Türmen umgaben. Diese aus roten Lehmziegeln errichteten Mauern gaben der Zitadelle ihren Namen, da Alhambra im Arabischen „die Rote“ bedeutet.

Umgewandelt in einen Palast

Zu Beginn des 13. Jahrhunderts schloss der maurische Sultan Mohammed I. mit den katholischen Königen Frieden. Das Land wurde befriedet und der Sultan entschied, seine Festung in einen Palast zu verwandeln.

Die Muqarnas umgeben den Löwenhof. Sie sind Kunstwerke von unglaublicher Feinheit.

Palast: die Alhambra

Wunderschöne Innenhöfe mit schattigen Arkaden, langen Zierbecken, üppigen Gärten und reicher Pflanzenpracht: Die Alhambra zählt zu den schönsten Sehenswürdigkeiten Spaniens.

Über ein Jahrhundert lang führten auch seine Nachfolger die Bauarbeiten fort. Jeder Teil der Anlage wurde um einen Innenhof mit üppigen Gärten und schattigen Säulengängen angelegt. Die Wände und Decken der Räume wurden mit Schnitzarbeiten aus Zedernholz, farbigen Fliesen und Stuckaturen verziert. Aus Stuck (eine Art Gips) schufen die Künstler üppige Verzierungen von erstaunlicher Feinheit. Berühmt sind die so genannten *muqarnas*, die Stalaktitengewölbe.

Verse an den Wänden

Im Islam, der Religion der maurischen Herrscher, werden Darstellungen von Tieren oder Menschen vermieden. Die Künstler schufen daher wundervolle Dekorationen aus geometrischen Mustern und Texten, die sie in überaus künstlerischer Schrift darstellten. Die Texte entstammen dem Koran, dem heiligen Buch der Muslime, oder sind Lobpreisungen Allahs.

Ein Aquädukt für die Wasserversorgung

In der Region von Granada ist das Wasser knapp. Die Baumeister der Alhambra mussten daher ein 5 km langes Aquädukt bauen, das Wasser aus den Quellen in den Bergen zur Burg leitete. Das wertvolle Wasser wurde in den Becken der Gärten aufgefangen.

Karl V. und die Alhambra

Im Jahr 1492 eroberte der katholische König Ferdinand von Spanien Granada. Der maurische Herrscher Boabdil ergab sich und die Araber mussten nun endgültig das Land verlassen. 1532 erlag der spanische Kaiser Karl V. dem Charme der Alhambra und ihrer Gärten und verlegte seinen Regierungssitz nach Granada.

Die Pfalz von Karl

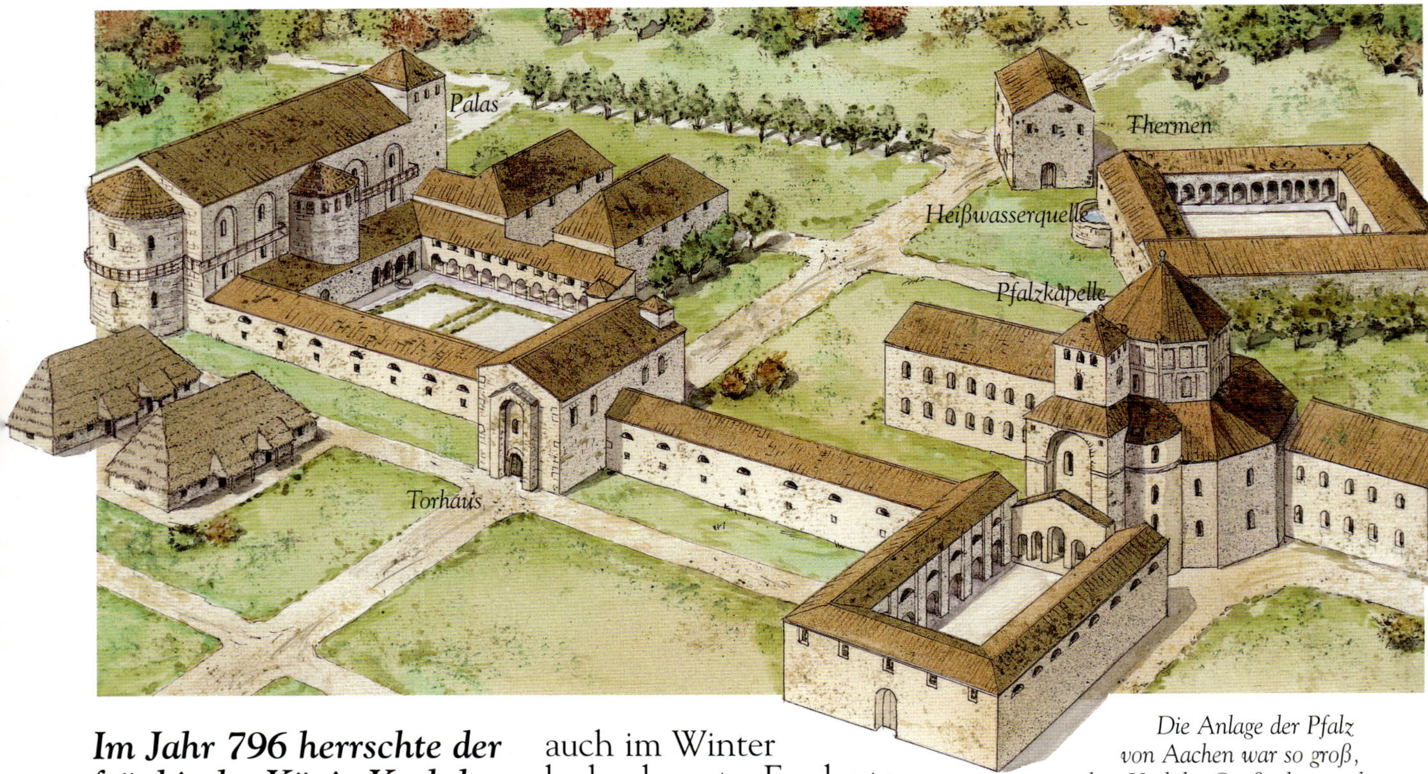

Die Anlage der Pfalz von Aachen war so groß, dass Karl der Große dort auch Regierung und Verwaltung seines Reiches unterbringen konnte.

Im Jahr 796 herrschte der fränkische König Karl der Große über einen großen Teil Europas. Meist war er auf Reisen und machte dabei Station in den sogenannten Pfalzen. Die prächtigste Pfalz ließ Karl in Aachen errichten. Sie sollte so schön sein wie die Paläste von Rom und Byzanz.

Eine Pfalz mit einer Schule

Karl der Große entschied sich für Aachen als Standort, weil die kleine Stadt heiße Quellen besaß und man dort auch im Winter baden konnte. Er plante eine schöne, große und reich verzierte Pfalz, die einen Vergleich mit den Prachtbauten in Rom und Byzanz nicht scheuen musste. Mit der Leitung der Bauarbeiten betraute er den Baumeister Odo von Metz, der mehrere Gebäude für Karl, seine Familie, seinen Hof, seine Regierung und seine Verwaltung errichtete. Karl ließ außerdem auch eine Kapelle und Thermen um eine heiße Quelle erbauen. Die Pfalz besaß darüber hinaus auch eine Schule, in der die Erwachsenen, die für Karl das Reich verwalteten, lesen lernten, was in jener Zeit sehr selten war. Die Mönche betraute Karl mit der Einrichtung einer Bibliothek. Wie im antiken Rom ließ er Thermen mit einem Becken bauen, das Platz für hundert Personen bot.

Die Pfalzkapelle

Die Pfalzkapelle wurde von 796 bis 805 erbaut und hat nicht die Form eines Kreuzes,

dem Großen in Aachen

Karl der Große verfolgte die Gottesdienste von seinem Thron auf der Galerie der Kapelle aus.

Die romanische Kapelle hat einen achteckigen Grundriss. Den hohen Ansprüchen Karls wurde der Baumeister gerecht, indem er die Kuppel mit Mosaiken auskleiden ließ und Marmor aus Italien verwendete.

wie viele andere Kirchen, sondern ist achteckig. Das dreistöckige Gebäude, das reich mit Mosaiken ausgeschmückt ist, schließt in 18 m Höhe mit einer Kuppel ab. Über 200 Jahre lang war es das höchste Gebäude nördlich der Alpen. Architektonisch finden sich zahlreiche römische und byzantinische Elemente, da sich Karl der Große beim Bau seiner Kapelle immer wieder von berühmten Vorbildern leiten ließ. Die karolingischen Werkstätten schufen aber auch eigene Kunstwerke, insbesondere die Bronzegitter der Empore und Bronzetore der Eingänge. Bei den religiösen Zeremonien saß Karl der Große auf seinem Thron auf der Empore, während die Gläubigen den Gottesdienst im Erdgeschoss verfolgten.

Marmor aus Italien

Für den Bau der Kapelle stand kein Marmor zur Verfügung. Deswegen bat Karl der Große den Papst, römische Monumente der Antike abbauen zu dürfen. Seine Bitte wurde ihm gewährt und der Kaiser ließ Steinblöcke und Säulen von antiken Bauwerken aus Italien kommen. Sein Thron sollte außerdem dem von König Salomon gleichen, dem Herrscher von Israel (siehe S. 30–31).

Wurde Karl der Große in Aachen bestattet?

Weihnachten 800 krönte der Papst Karl den Großen zum römischen Kaiser. Ein Jahr später ließ der Herrscher sich offiziell in seiner Pfalz nieder, wo er 814 verstarb. Der Legende nach wurde er in einem Sarkophag in der Kapelle bestattet. Heute gibt es die Pfalz nicht mehr, doch aus der Kapelle wurde ein Dom.

Notre-Dame

Die Kathedrale steht im Zentrum von Paris. Wie vielen anderen Sehenswürdigkeiten setzt die Luftverschmutzung auch ihr zu und schwärzt die Steine. Seit Ende des 20. Jahrhunderts werden Sanierungsarbeiten durchgeführt. Die am stärksten beschädigten Steine werden ersetzt.

Die im Herzen von Paris errichtete Kirche Notre-Dame ist eine der ältesten und schönsten gotischen Kathedralen. Der Bau wurde 1163 begonnen und zwei Jahrhunderte später fertiggestellt.

Seit 2000 Jahren ein heiliger Ort

Notre-Dame de Paris wurde nicht zufällig auf der kleinen Insel Ile de la Cité in der Seine errichtet. An diesem Ort hatten die Gallier Lutetia, das spätere Paris, gegründet. Hier stand ursprünglich ein römischer Tempel, der später in eine christliche Basilika umgewandelt wurde. Bereits im 6. Jahrhundert wurde dort eine Kirche errichtet.

Eine größere Kirche für die Gläubigen

Im Jahr 1160 wurde Maurice de Sully Bischof von Paris. Damals hatte die Stadt 100 000 Einwohner und wuchs stetig weiter. Um auch der wachsenden Zahl der Kirchgänger gerecht zu werden, sollte eine größere Kathedrale gebaut werden. Die alte romanische Kirche und die benachbarten Holzhäuser wurden daher abgerissen. Vor der zukünftigen Kathedrale wurde ein großer Vorplatz angelegt und eine Straße gebaut, über die das Baumaterial angeliefert werden konnte.

Grundsteinlegung durch Papst und König

Der Bau einer neuen Kathedrale in Paris, der Hauptstadt Frankreichs, war ein wichtiges Ereignis. Papst Alexander III. reiste daher aus Rom an, um gemeinsam mit König Ludwig VII. im

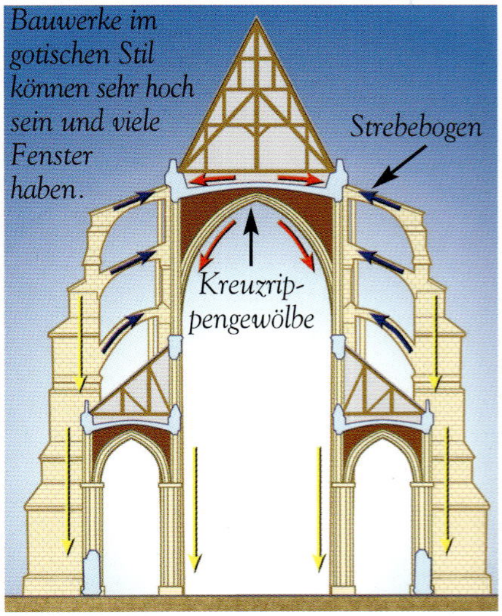

de Paris

Jahr 1163 den Grundstein zu legen. Die Kathedrale sollte die beeindruckenden Ausmaße von 130 m Länge, 48 m Breite und 35 m Höhe erhalten. Die Türme der Vorderfront sollten 69 m, die Turmspitze gar 96 m hoch aufragen. Die Kathedrale sollte der größte Bau von Paris in jener Zeit werden und 9000 Menschen Platz bieten.

Im gotischen Stil

Der Baumeister, der die Arbeiten leitete, sah für die Kirche den neuen, 30 Jahre zuvor entwickelten gotischen Baustil vor. Vorbei war die Zeit der romanischen Rundbögen, nun wurden spitz nach oben zulaufende Kreuzrippengewölbe gebaut. Diese in Frankreich begründete architektonische Revolution verbreitete sich in ganz Europa. Damit konnten höhere Kathedralen errichtet werden, weil die Mauern von Strebebögen abgestützt wurden. Die Bauweise erlaubte auch zahlreiche Fensteröffnungen, durch die viel Licht in den Innenraum fallen konnte.

200 Jahre Bauzeit

In den zwei Jahrhunderten Bauzeit folgten zehn verschiedene Baumeister aufeinander. Hunderte von Arbeitern kamen aus ganz Europa: Maurer, Steinmetzen und Bildhauer bearbeiteten den Stein; Glasbläser und Fenstermacher gestalteten die Fenster; Schreiner und Zimmerer bauten Gerüste und das Dachgebälk; Schmiede reparierten die Werkzeuge und Bleigießer schmolzen Blei für das Dach. Tausende von Trägern und Hilfsarbeitern arbeiteten ihnen zu. Nach 200 Jahren war der Bau der Kathedrale im Jahr 1345 endlich vollendet.

Mit leuchtenden Farben bemalt

Die Wände von Notre-Dame wurden mit leuchtenden Farben verziert. Im Innenraum wurde der Stein bemalt, im Außenbereich wurden die Statuen der Könige vergoldet, damit sie heller in der Sonne strahlten.

Eine 13 Tonnen schwere Glocke

Die größte Glocke der Kathedrale wiegt 13 Tonnen, ihr Schwengel 500 kg. Sie wurde 1631 in den Südturm hochgezogen.

Vom Meer umspült

Bei Flut ist der Mont Saint-Michel völlig von Wasser umgeben. Die Insel im Ärmelkanal vor der Küste Frankreichs ist ein erstaunlicher Ort, der im Laufe von Jahrhunderten entstand. Er ist zugleich Abtei, Burg und Dorf.

Schwierige Voraussetzungen

Die Baumeister des Mont Saint-Michel vollbrachten eine Meisterleistung, da die Abtei sozusagen auf dem Nichts errichtet wurde. Nur der Kern mit der Kirche thront auf festem Fels, während der Rest der Gebäude auf Fundamenten errichtet wurde, die um den Gipfel der Insel angelegt wurden. Diese bauliche Leistung ist das Werk von 400 Jahren harter Arbeit.

Eine mittelalterliche Darstellung des Mont Saint-Michel

Die Erscheinung des Erzengels Michael

Der Legende nach erschien der heilige Michael im Jahr 708 dem Bischof von Avranches aus der nächstgelegenen Stadt. Er erteilte ihm den Auftrag, eine Kapelle auf der Insel Mont Tombe zu errichten, wie sie damals noch hieß. Der Bischof gehorchte. Viele Gläubige pilgerten daraufhin zur Felseninsel und beteten zu dem Heiligen. 1017 wurde beschlossen, dort eine Kirche und ein Kloster für die Mönche zu errichten. Doch wie sollte man den schroffen Felsen bebauen, der 78 m aus dem Meer ragte?

Der Mont Saint-Michel und seine Abtei liegen inmitten einer sehr schönen, gleichzeitig aber auch sehr gefährlichen Bucht. Bei Springfluten steigt das Wasser so schnell, dass die Spaziergänger aufpassen müssen, nicht vom Wasser eingeschlossen zu werden.

Mont Saint-Michel

Zunächst wurde die Felsspitze abgetragen und eingeebnet. Die entstandene Fläche wurde durch an den Fels gemauerte Krypten (unterirdische Kammern) erweitert, sodass man einen soliden und ausreichend großen Untergrund für die Kirche erhielt.

Anlieferung per Schiff

Die Arbeiten dauerten 60 Jahre. Bei jeder Flut wurden die Granitblöcke per Schiff zur Insel transportiert, wo sie mit Systemen aus Flaschenzügen und von Männern angetriebenen Holzrädern zum Gipfel befördert wurden. In jener Zeit öffneten am Fuß des Felsens die ersten Herbergen und Geschäfte ihre Türen.

Wunderbare Architektur

Im Jahr 1204 brannte der nördliche Teil der Abtei ab. Acht Jahre später wurde eine neue Baustelle eröffnet, die 16 Jahre Bestand hatte. An der besonders steilen Seite des Felsens schufen die Maurer einen Anbau mit drei Stockwerken aus Gebäuden. Das Ergebnis war so beeindruckend, dass diese Gebäudeteile den Namen *La Merveille* (Das Wunder) erhielten.

Vom Feind belagert

1337 begann der Hundertjährige Krieg zwischen Frankreich und England. Während dieser langen Zeit umgaben die Mönche ihre Insel mit Mauern und Türmen. Ihre Bibliothek mit wertvollen Manuskripten war ein Schatz, den sie unbedingt verteidigen wollten. 1424 belagerten die Engländer den Mont Saint-Michel. Doch die Mönche hielten der Belagerung stand und zehn Jahre später zogen die Engländer unverrichteter Dinge ab.

Vom Sand bedroht?

Während der Französischen Revolution diente die Abtei als Gefängnis. Es kam zu Schäden am Bauwerk, bis es im 19. Jahrhundert restauriert wurde. Im Jahr 1879 wurde ein Damm gebaut, der die Insel mit dem Festland verband. Leider veränderte sich dadurch die Meeresströmung in der Bucht derart, dass sie zunehmend versandete. Jetzt soll der Sand entfernt und anstelle des Dammes eine Brücke gebaut werden. Die Besucher sollen künftig mit Pendelzügen über die Brücke transportiert werden.

Der Petersdom

Die Kuppel des Petersdoms ist eine der größten je gebauten Kuppeln: Ihr Durchmesser beträgt fast 43 m.

Der Petersdom in Rom in Italien ist die größte und schönste Kirche aller christlichen Länder. Mit ihrem Bau betrauten die Päpste die bedeutendsten Künstler ihrer Zeit.

Ein gewaltiges Bauwerk

Alles an dieser Kirche ist gewaltig: Sie ist 212 m lang, 138 m breit und fasst 60 000 Menschen. Ihre Kuppel befindet sich in 132 m Höhe und ist kaum kleiner als die Cheopspyramide (siehe S. 7). Die Hauptfassade weist auf einen riesigen Platz, der von Kolonnaden mit 284 Säulen und 140 Heiligenstatuen umgeben ist. In seiner Mitte steht ein ägyptischer Obelisk von über 25 m Höhe, der 37 n. Chr. nach Rom gebracht wurde.

Die Kirche des Apostels Petrus

Der älteste Kirchenbau im Westen Roms wurde von 319 bis 329 unter Konstantin, dem ersten christlichen Kaiser, errichtet. Die Kirche wurde an dem Ort erbaut, wo das Grab des Apostels Petrus vermutet wurde, der als erster Papst der Geschichte gilt.

Der Welt die päpstliche Macht zeigen

Im Laufe der Jahrhunderte wurde die erste Kirche zu klein für die zahlreichen Pilger, die das Grab Petri besuchen wollten. Papst Julius II. ließ den Bau 1505 abreißen, um an seiner Stelle eine neue Kirche zu errichten. Sie sollte so großartig werden, dass sie der ganzen Welt die Macht des Papstes demonstrierte. Außerdem musste sie groß sein, da sie Platz für grandiose Zeremonien bieten sollte. Der Architekt Bramante wählte ursprünglich einen Grundriss in Form eines griechischen Kreuzes mit vier gleich langen Seitenarmen. In der Mitte wollte er eine so hohe Kuppel errichten, dass sie in ganz Rom zu sehen sein sollte. Die Arbeiten begannen im Jahr 1506 und endeten 1624. Zwischenzeitlich wurde der Bauplan geändert, sodass die Kirche heute ein lateinisches Kreuz als Grundriss hat.

Die größten Künstler der Renaissance

Die umfangreichen Bauarbeiten wurden über die Jahre

in Rom

Der Petersplatz in Rom ist von Kolonnaden umgeben, die im 17. Jahrhundert von Bernini errichtet wurden. Der Platz ist so angelegt, dass er sich nach vorne hin öffnet wie zwei Arme und die Katholiken aus aller Welt empfängt.

von mehreren Baumeistern geleitet, unter ihnen auch Raffael und Michelangelo, zwei der bedeutendsten Künstler der Renaissance.

Die Kuppel

Sie ist auf Michelangelos Entwurf zurückzuführen und besteht aus zwei übereinander liegenden Schalen. Der Abstand zwischen beiden Schalen ist so groß, dass darin eine Treppe Platz hat, die zur Laterne, der Kuppelbekrönung, führt. Im unteren Bereich besitzt die Kuppel 16 Fenster, durch die Licht in den Innenraum fällt. Die Decke ist mit Mosaiken reich verziert. Jeden der vier gewaltigen Pfeiler, die die Kuppel tragen, krönen die Mosaikbildnisse der vier Evangelisten, die über Jesus berichteten: Matthäus, Lukas, Markus und Johannes. Durch die Fenster der Laterne fällt Licht in die Kuppel.

Die Perle des Petersdoms

Von den zahlreichen Kunstwerken, die den Innenraum des Petersdoms schmücken, ragt die Pietà von Michelangelo heraus. Sie gilt als ein Hauptwerk der Renaissance und stellt Maria dar, die Jesus in ihren Armen hält, nachdem er vom Kreuz abgenommen worden. Michelangelo hat die Skulptur aus einem einzigen Marmorblock gehauen. Sie besticht durch die Feinheit der Arbeit, die lebendigen Gesichtszüge und Körperhaltungen und die natürlich fallenden Gewänder.

Der kleinste Staat der Welt

Obwohl der Petersdom im Herzen Roms liegt, gehört er nicht zu Italien. Die Vatikanstadt bildet den kleinsten Staat der Welt, der vom Papst regiert wird.

Die Pietà von Michelangelo ist eines der größten Meisterwerke im Petersdom.

Die schönste Decke der We

erbaut, der ihr auch seinen Namen gab. Ihre Maße folgen der als perfekt geltenden Verhältnisregel „1-2-3“: Sie ist 13 m breit, 26 m hoch (doppelte Breite) und 40 m lang (dreifache Breite). Die Fresken an den Wänden stellen Szenen aus dem Leben von Moses und Jesus dar. Sie sind das Werk der größten Maler der Renaissance, darunter auch Botticelli.

Ein 500 m² großes Werk

1508 wollte Papst Julius II. die Kapelle verschönern lassen. Aus diesem Grund beauftragte er den damals 33-jährigen Künstler Michelangelo mit der Gestaltung der Decke. Als Bildmotiv wählte der Papst die zwölf Apostel. Das stellte eine gewaltige Aufgabe dar, da die zu bemalende Fläche 500 m² groß war, was der Größe von zwei Tennisplätzen entspricht.

Verbissene Arbeit

Schon bald änderte Michelangelo das Projekt des Papstes. Anstatt die Apostel zu malen, zog er es vor, biblische Szenen aus der Schöpfungsgeschichte darzustellen. Bis auf einen Helfer, der die Farben für ihn anmischte,

Die Sixtinische Kapelle neben dem Petersdom ist die päpstliche Hauskapelle. Sie enthält einen der bedeutendsten Kunstschätze der Welt: die Fresken Michelangelos.

Ausschnitt aus dem Deckengemälde der Sixtinischen Kapelle: Gott haucht Adam mit ausgestrecktem Finger Leben ein.

Perfekte Maße

Die Sixtinische Kapelle wurde von 1475 bis 1483 im Auftrag von Papst Sixtus IV.

t: die Sixtinische Kapelle

entließ er sämtliche Gehilfen. Der Künstler wollte niemanden um sich haben.

Vier Jahre Arbeit
Vier Jahre lang arbeitete Michelangelo auf seinem Gerüst stehend und liegend ohne Unterlass. Stundenlang verweilte er in unbequemen Positionen beim Malen. Er schuf neun Szenen, fertigte tausende von Skizzen an und malte über 300 Figuren. Schließlich wurde am 1. November 1512 die Messe zu Allerheiligen in der neu ausgeschmückten Kapelle gefeiert.

Das Jüngste Gericht
1536 rief Papst Clemens VII. Michelangelo zu sich. Das Altarbild war bei den Bauarbeiten am Petersdom beschädigt worden. Der Papst bat ihn also, ein neues Fresko auf die Wand hinter dem Altar zu malen. Michelangelo schlug ihm eine Darstellung des Jüngsten Gerichts vor. Wiederum arbeitete der Künstler allein an dem Fresko, das über 200 m² groß werden sollte. Er benötigte dafür fünf Jahre und malte 391 Figuren, viele davon überlebensgroß. Das Meisterwerk wurde 1541 vollendet.

Michelangelo arbeitete verbissen und oft tagelang alleine auf seinem Holzgerüst liegend am Deckengemälde der Sixtinischen Kapelle.

Eine einzigartige

Der Dogenpalast ist der schönste Palast von Venedig. Er grenzt an den Markusplatz. Gegenüber steht der Campanile (Glockenturm) des Markusdoms.

Venedig ist in der ganzen Welt für seinen Karneval berühmt. Doch die Stadt, die auf dem Wasser zu schwimmen scheint, ist ein Gesamtkunstwerk und hat eine einzigartige Atmosphäre.

Der Reichtum Venedigs

Venedig ist auf etwa hundert kleinen Inseln inmitten einer Lagune errichtet und durch eine Sanddüne vom offenen Meer abgetrennt. Im Mittelalter beherrschte Venedig den Handel im Mittelmeerraum. Seine wagemutigen Seefahrer und geschäftstüchtigen Kaufleute wurden durch den Handel zwischen Rom und Konstantinopel sehr reich. Im Laufe der Zeit häuften die Venezianer große Reichtümer an und bauten wunderschöne Paläste, Kirchen und Häuser.

Die große Leistung der Venezianer

Da der Untergrund der Inseln in der Lagune sehr weich ist, behalfen sich die Venezianer beim Bau ihrer Häuser mit Pfählen. Sie ließen Kiefern- und Eichenstämme aus den Alpen kommen und rammten sie eng aneinander in den schlammigen Grund. Auf diesem Fundament konnten die Maurer Sockel errichten. Dafür wählten sie Marmor, da dieses Gestein im Wasser am beständigsten ist.

Ein Gewirr von Kanälen

Die Inseln in der Lagune von Venedig wurden durch ungefähr 400 Brücken miteinander verbunden. Zwischen den Inseln schlängeln sich Kanäle, die früher mit Gondeln befahren wurden; heute sind dort meist Motorboote unterwegs. Die Venezianer haben vor ihrer Tür eine Bootsanlegestelle anstatt eines Autostellplatzes.

Stadt: Venedig

Der Dogenpalast

Der Doge, der über die Republik Venedig herrschte, wohnte und arbeitete im schönsten Palast der Stadt, der am Markusplatz steht. In diesem Gebäude waren Regierung, Gericht und Gefängnis untergebracht. Die imposante Fassade aus rosa und grauem Marmor ruht auf eleganten Kolonnaden.

Das größte Gemälde der Welt

Vom Innenhof des Dogenpalastes gelangt man über Treppen in reich ausgeschmückte Stockwerke, wo hunderte Gemälde der bedeutendsten Künstler des 16. Jahrhunderts die Wände zieren. Darunter ist auch *Das Paradies*, das als größtes Leinwandgemälde der Welt gilt. Es wurde um 1579 von dem Venezianer Tintoretto gemalt und ist 143 cm hoch und 362 cm breit.

Die Seufzerbrücke

Im 16. Jahrhundert wurde das Gefängnis im Dogenpalast zu klein. Daraufhin wurde ein neues Gefängnis auf der anderen Seite des Kanals gebaut. Die Gefangenen wurden von ihrer Zelle über eine vollkommen geschlossene Brücke aus weißem Marmor zum Gericht geführt. Wenn die Verurteilten sie auf dem Rückweg zum Gefängnis wieder überquerten, seufzten sie laut und gaben so der Brücke ihren Namen.

Venedigs Rettung vor dem Versinken

Die vom Wasser umgebene Stadt sank im letzten Jahrhundert um 23 cm. Immer häufiger schwächen starke Hochwasser ihre Substanz. Inzwischen wurden Projekte für die Errichtung eines Dammes vor der Lagune ins Leben gerufen, der die prachtvolle Stadt, die jährlich von 12 Millionen Touristen besucht wird, vor dem Untergang retten soll.

Der Canal Grande *ist der breiteste Kanal von Venedig. Er schlängelt sich in einem großen „S" durch die Stadt.*

Der Markusdom

Der prächtige Markusdom prägt den gleichnamigen Platz.

Der Markusdom ist eines der bedeutendsten Bauwerke Venedigs. Hier ruhen die Gebeine des heiligen Markus. Er war einer der vier Evangelisten, die uns vom Leben Jesu berichten. Die Wände der Kirche sind innen und außen mit prachtvollen Mosaiken verziert.

Ein Gaunerstück

Eine erstaunliche Geschichte steht am Anfang des Markusdoms. Im Jahr 828 reisten zwei venezianische Händler nach Alexandria, um den Muslimen die Mumie des Evangelisten Markus zu entwenden, der um 67 n. Chr. gestorben und in der ägyptischen Hafenstadt bestattet worden war. Ihr Vorhaben gelang, indem sie die wertvolle Beute unter einer Ladung Schweinefleisch verbargen. Der heilige Markus wurde zum Schutzpatron der Stadt erhoben und sein Symbol, der geflügelte Löwe, zum Wahrzeichen der Stadt ernannt. Umgehend baute man eine Kirche aus Holz, um den Gebeinen des Heiligen eine würdige letzte Ruhestätte zu geben. Leider ging die Kirche 976 in Flammen auf. Dadurch wurde auch die Reliquie des Heiligen schwer beschädigt.

Das Schönste und Beste

Im Jahr 1063 begannen die Arbeiten am Bau des heutigen Markusdoms. Sie dauerten zehn Jahre. Der Bauplan sah einen Grundriss in Form eines griechischen Kreuzes und die Errichtung von fünf Kuppeln vor. Die Mauern sollten aus roten Ziegeln bestehen. Da aber dem Dogen dieses Material zu armselig erschien, forderte er alle Händler der Stadt auf, zur Verkleidung der Mauern und zur Dekoration des heiligen Ortes alles Schöne und Wertvolle, das sie auf ihren Reisen finden konnten, für die Baustelle mit heimzubringen. Auf diese Weise gelangten die vier bronzenen Pferde oberhalb des Hauptportals von Konstantinopel nach Venedig. Außerdem wurden Marmorsteine von Monumenten aus römischer Zeit oder gar von babylonischen Palästen abgetragen.

Goldene Mosaike

Insgesamt wurden über 4000 m^2 Fläche auf den Innen- und Außenwänden und selbst in den kleinsten Winkeln des Doms mit Mosaiken bedeckt. Sie stellen

in Venedig

Der gewaltige und majestätische Dom besitzt fünf Kuppeln.

Szenen aus der Bibel und aus dem Leben mehrerer Heiliger dar. Die ältesten Mosaike stammen aus dem 12. Jahrhundert, die jüngsten wurden im 15. Jahrhundert geschaffen. Sie wurden nach Zeichnungen der bedeutendsten Künstler der italienischen Renaissance wie Tintoretto, Tizian und Veronese angefertigt und bestehen aus winzigen, mit Gold überzogenen Glassteinchen. Ein einziger Künstler hätte ungefähr 800 Jahre lang an ihnen arbeiten müssen.

Die Pala d'Oro

Im Markusdom befindet sich auch die Pala d'Oro, ein Meisterwerk von unschätzbarem Wert. Es handelt sich dabei um einen Altaraufsatz aus Holz, der hinter dem Altar steht, an dem der Priester den Gottesdienst feiert. Der Goldschmied, der ihn im 14. Jahrhundert schuf, verwendete 250 Goldplatten, Email und Edelsteine, von denen einige fast tausend Jahre alt waren. Er stellte Jesus Christus in der Mitte der vier Evangelisten dar. Das Altarbild zählt zu den wertvollsten Schätzen der christlichen Welt.

Der Campanile

Der 98 m hohe Campanile (Glockenturm) steht dem Dom mit seinen fünf Kuppeln gegenüber auf dem Markusplatz. Er dominiert das heutige Stadtbild. Sein Vorgängerbau stammte aus dem Jahr 1392 und wurde im 16. Jahrhundert umgebaut. Er stürzte 1902 ein, als die Fundamente unter seinem Gewicht nachgaben. 1912 wurde er originalgetreu wieder aufgebaut.

Eines der Mosaike im Markusdom zeigt Noah, der die Tiere aus der Arche entlässt.

Das Schloss

Der Bau des mächtigen Schlosses begann 1519. Ungefähr 1800 Arbeiter waren 30 Jahre lang beschäftigt.

Das Schloss von Chambord in Frankreich ist wahrscheinlich das schönste Renaissance-Schloss. Der französische König Franz I. war so begeistert von den italienischen Kunst- und Bauwerken, dass er Leonardo da Vinci mit den Plänen für das Schloss beauftragt haben soll.

Größenwahn

Mit seiner 156 m langen Fassade, seinen vielen, bis zu 56 m hohen Türmen, seinen 440 Räumen, 84 Treppen, 365 Feuerstellen und seinem 5500 Hektar großen Park – was der halben Fläche der Stadt Paris entspricht – ist das Schloss von Chambord das größte aller Loire-Schlösser. Die runden Türme mit den spitzen Dächern erinnern an mittelalterliche Burgen. Dabei war das Schloss keine Festung. Es wurde mitten auf dem Land errichtet und ist nicht von Mauern umgeben, die Wassergräben waren reine Zierde. Die Steinarbeiten an Fenstern, Feuerstellen, Decken und Treppen sind sehr kunstvoll in einem der italienischen Renaissance ähnlichen Stil gestaltet.

Für Jagdausflüge

Das Schloss von Chambord wurde auf Wunsch des französischen Königs Franz I. errichtet. Der Herrscher liebte die Jagd und wollte aus diesem Grund ein Schloss in der Region Blois im Loire-Tal, da es dort viele Wälder und große Wildbestände gab. Der König, der stets mit seinem gesamten Hofstaat reiste, wünschte sich eine Residenz, die genügend Platz für ihn und seine Untergebenen bot und die gleichzeitig Könige und Kaiser aus Europa beeindrucken sollte.

Franz I. und Leonardo da Vinci

Der junge französische König Franz I. war begeistert von den Werken der Künstler und Architekten, die er in

Die doppelläufige Treppe ist eine der Attraktionen des Schlosses.

von Chambord

Italien gesehen hatte. Dort hatte er auch Leonardo da Vinci kennen gelernt. Vom Genie des Mannes überzeugt, lud er ihn an seinen Hof ein. Da Vinci folgte der Einladung im folgenden Jahr. Möglicherweise bat ihn der König, die Pläne für das weitläufige Schloss zu zeichnen, das er sich vorstellte.

30 Jahre Bauzeit

Leonardo da Vinci starb noch vor Beginn der Bauarbeiten im Jahr 1519. Er sah nicht mehr die 1800 Arbeiter, unter denen auch italienische Steinmetzen waren. Sie machten sich an die gewaltige Aufgabe, die Kalksteine zu behauen, die riesigen Türme zu errichten, die großen Dachstühle zu bauen und die Dächer mit Schiefer zu decken. Diese Herkulesarbeit nahm 30 Jahre in Anspruch. Der König kam von Zeit zu Zeit vorbei und ging auf die Jagd oder empfing einen hochrangigen Gast. Im Allgemeinen blieb er aber nur wenige Tage. Als er 1547 starb, war das Schloss noch immer nicht fertiggestellt.

Eine originelle Treppe

Im mächtigen zentralen Turm des Schlosses befindet sich ein Treppenhaus, das zu den drei Stockwerken und den Terrassen führt. Die ganz aus kunstvoll behauenem Stein gearbeitete Treppe ist eine doppelläufige Wendeltreppe. Sie besteht aus zwei gegenläufig angelegten Treppenaufgängen. Wenn zwei Personen die Treppe entgegengesetzt begehen, sehen sie sich zwar, treffen aber nicht aufeinander.

Jährlich 800 000 Besucher

Nach dem Tod von Franz I. wurde der Bau unterbrochen. Im darauf folgenden Jahrhundert ließ Ludwig XIV. einige Räume herrichten, doch das übrige Schloss blieb leer. Es wurde lediglich Mitte des 18. Jahrhunderts einige Jahre vom polnischen König bewohnt. 1932 kaufte es der französische Staat und machte es für die Öffentlichkeit zugänglich.

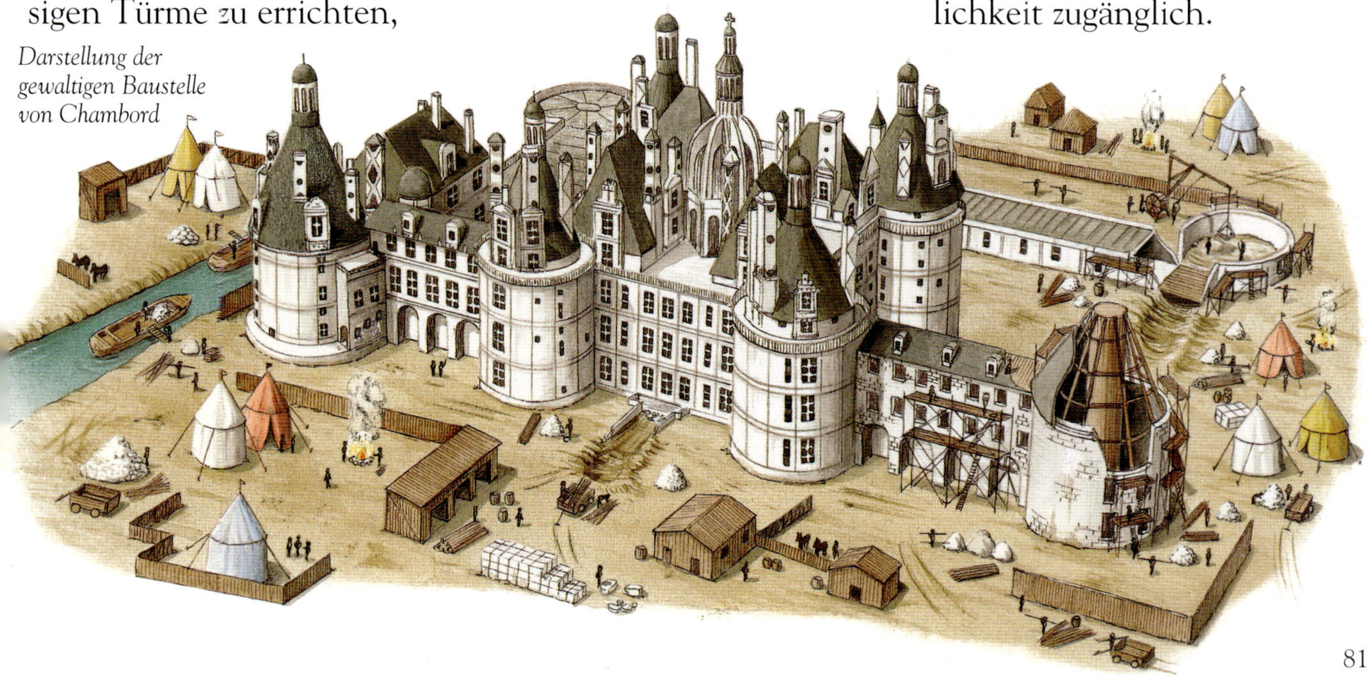

Darstellung der gewaltigen Baustelle von Chambord

Das Taj Mahal

Die Sonne spiegelt sich in dem riesigen Wasserbecken und lässt das Taj Mahal je nach Tageszeit weiß, rosa oder golden erstrahlen. Das Mausoleum ist heute die meistbesuchte Sehenswürdigkeit Indiens.

Das strahlend weiße Taj Mahal in Agra, im Norden Indiens, gilt als eines der schönsten Bauwerke der Welt. Das zwischen 1631 und 1648 errichtete Mausoleum beherbergt die Grabstätte einer jungen Frau.

Eine schöne und traurige Liebesgeschichte

Das Taj Mahal wurde vom Großmogul Shah Jahan in Auftrag gegeben, der damals über ganz Indien regierte. Als 15-Jähriger verliebte er sich unsterblich in die junge Prinzessin Mumtaz Mahal, was „Juwel des Palastes" bedeutet. Sie heirateten und hatten viele Kinder. Im Jahr 1631 starb die Lieblingsfrau im Alter von 38 Jahren bei der Geburt ihres vierzehnten Kindes. Der Mogul rief in seiner großen Trauer die bedeutendsten Künstler seiner Zeit zu sich und beauftragte sie, zum Gedenken an seine Gemahlin das schönste Grabmal zu errichten, das je gebaut wurde.

Ein türkischer Architekt

Vermutlich erhielt ein türkischer Architekt den Auftrag für die Realisierung des Grabmals. Er ließ ein Bauwerk von viereckigem Grundriss mit einer Seitenlänge von 61 m errichten. Eine erhabene, 59 m hohe Kuppel ziert das Gebäude, das sich auf einer großen Plattform erhebt. Der gesamte Bau besteht aus weißem Marmor, in den 28 Arten von Edelsteinen und Halbedelsteinen eingefügt wurden. Die „weiße Perle" liegt inmitten eines weitläufigen Gartens, in dem Kanäle und Springbrunnen angelegt wurden. Vier 40 m hohe Minarette begrenzen die Terrasse an ihren vier Ecken.

Elefanten bei der Arbeit

Ungefähr 20 000 Arbeiter waren auf der Baustelle beschäftigt. Die Mauern aus mit Mörtel aneinandergefügten Steinen wurden mit weißen Marmorblöcken verkleidet, die aus einem 500 km von der Baustelle entfernten Steinbruch

stammen. Sie wurden auf Schlitten transportiert, die von Elefanten gezogen wurden. Die Bildhauer schlugen mit viel Geschick geometrische Muster, Blumen und Texte aus dem Koran in den Marmor.

Eine große Zeremonie

Nach 17-jähriger Bauzeit wurde das Mausoleum im Jahr 1648 fertiggestellt. Der Mogul richtete eine große Feier aus, bei der die sterblichen Überreste seiner Gemahlin in die unterirdische Grabkammer im Zentrum des Mausoleums überführt wurden. Über dem Grab wurde ein Kenotaph, eine Art Leergrab, errichtet (siehe Abbildung).

Wechselndes Farbenspiel im Laufe des Tages

Der Mogul nannte das Mausoleum nach einem der Namen seiner Lieblingsfrau *Taj Mahal*, „Krone des Palastes“. Er wollte die Schönheit des Ortes dadurch noch steigern, dass sich das Gebäude zu jeder Tageszeit im Wasser spiegeln sollte. Dafür ließ er den Fluss, der durch die Stadt Agra floss, umleiten und am Mausoleum entlangfließen. Ein riesiges Wasserbecken wurde angelegt. Darin erscheint der weiße Marmor in der Morgensonne rosa, mittags strahlt er blendend weiß und abends wirkt er wie vergoldet.

Der Mogul und seine Gemahlin wieder vereint

1658 wurde der Mogul von seinem dritten Sohn ins Gefängnis geworfen. Sein einziger Trost war, dass er von dort aus das Taj Mahal sehen konnte. Nach seinem Tod 1666 wurde sein Leichnam neben dem seiner geliebten Gemahlin bestattet. Der Legende nach hatte er eigentlich die Absicht gehabt, ein zweites Mausoleum für sich selbst am Ufer gegenüber des Taj Mahal errichten zu lassen.

Der mächtige

Der Kreml liegt an den Ufern der Moskwa. Heute befindet sich dort der Regierungssitz des Präsidenten der Russischen Föderation.

Das Wort Kreml bedeutet Stadtburg. Die befestigte Anlage im Herzen der russischen Hauptstadt Moskau verbreitet Glanz dank der vergoldeten Kuppeln von Kirchen, Kathedralen und Palästen, die hinter einer langen Mauer aus roten Ziegelsteinen stehen.

Eine Stadt in der Stadt

Vier Kathedralen, zwei Kirchen und sechs Paläste, darunter auch der mächtige Kongresspalast, schmücken die Befestigungsanlage des Kreml. Mit jedem neuen Bau wurde die Macht der Großfürsten, Zaren und der Führer der Sowjetunion, die die Monarchen nach der Revolution von 1917 ablösten, unterstrichen. Die schönsten Bauwerke wurden Ende des 15. und Anfang des 16. Jahrhunderts errichtet. Großfürst Iwan III. gab ihre Erbauung mit dem Ziel in Auftrag, aus Moskau eine bedeutende Stadt zu machen.

Italienische Architekten im Kreml

Der junge Großfürst Iwan beauftragte 1472 russische Baumeister mit dem Neubau der maroden Mariä-Entschlafens-Kathedrale. Doch diese beherrschten damals nicht die Kunst, große Gebäude aus Stein zu errichten, sodass die Kirche kurz vor der Vollendung einstürzte. Iwan beauftragte nun italienische Architekten, die 30 Jahre lang mit dem Bau von Palästen, Kirchen, Kathe-

Nicht weniger als vier Kathedralen und zwei Kirchen mit den typischen Zwiebeltürmen wurden innerhalb des Kreml errichtet.

dralen und Glockentürmen beschäftigt waren. Besonderes Augenmerk wurde auf

Moskauer Kreml

eine gelungene Mischung verschiedener Stile gelegt, wie zum Beispiel vergoldete Kuppeln im russischen Stil und elegante Säulen im italienischen Stil.

Rot und Gold

Großartige Wandmalereien zieren die Innenräume der Paläste und Kirchen. Die russischen Maler des 17. Jahrhunderts entschieden sich für Szenen aus dem Leben der Heiligen, die sie üppig mit Gold und Blumenmotiven versahen. Dabei verwendeten die Künstler vor allem warme Rot- und Gelbtöne.

Die Kremlmauer aus roten Ziegeln

Die Befestigungsanlage des Kreml umfasst 28 Hektar, was der Fläche von fünf Cheopspyramiden entspricht. Die Ringmauer um die Anlage ist ebenfalls das Werk italienischer Architekten. Sie besteht aus roten Ziegeln und ist über 2 km lang, bis zu 19 m hoch und bis zu 6 m breit. 20 Türme verleihen ihr ein majestätisches Aussehen. Der höchste Turm ist mit 67 m der Erlöserturm (Spasski-Turm). Das Glockenspiel seiner Uhr wiegt 2 Tonnen.

Vielfarbige Kathedrale

Direkt neben dem Kreml, außerhalb der Kremlmauer, steht die Basilius-Kathedrale, die zwischen 1555 und 1561 unter der Herrschaft von Zar Iwan IV. dem Schrecklichen zu Ehren seines Sieges über die Tataren errichtet wurde. Da der Zar erst im achten Anlauf endgültig gesiegt hatte, sollte die Kirche acht Kapellen und acht Zwiebeltürme erhalten. Der Baumeister Jakowlew Postnik schlug dem Zar vor, sie um eine neunte Kuppel anzuordnen, und setzte diesen Vorschlag auch um. Unter der Diktatur Stalins (1927–1953) zog man den Abriss der Kathedrale in Erwägung, um den Roten Platz vor dem Kreml vergrößern zu können. Der mit der Durchführung beauftragte Architekt weigerte sich jedoch und drohte, sich die Kehle durchzuschneiden, wenn man ihn dazu zwingen sollte. Das Projekt wurde schließlich aufgegeben und die wunderschöne Kathedrale war gerettet.

Der Legende nach ließ Zar Iwan IV. der Schreckliche dem Baumeister der Basilius-Kathedrale die Augen ausstechen, damit er kein schöneres Bauwerk mehr bauen konnte.

Der Potala: Ein Palast

Der Potala liegt im Hochland Tibets und thront über der Hauptstadt Lhasa. In dem festungsähnlichen Palast gibt es knapp 1000 reich ausgeschmückte Räume.

Der Potala in der tibetischen Stadt Lhasa wurde auf 3700 m Höhe errichtet und ist ohne Zweifel der höchstgelegene Palast der Welt.

Ein rot-weißer Palast

In dem riesigen Palast gibt es etwa 1000 Räume. Er ist 360 m lang, 116 m hoch und besitzt 13 Stockwerke. Der Potala ist der heiligste Ort der tibetischen Buddhisten. Er war vier Jahrhunderte lang Sitz des Dalai-Lama, des geistlichen und weltlichen Oberhaupts des Landes. In eine Felswand mit dem Namen „Roter Berg" gebaut, erhebt sich der Palast über der Stadt Lhasa. Der untere Teil besteht aus weiß gestrichenen Mauern, die in der Sonne strahlen, während der obere Teil mit seinen rot bemalten Mauern sich von den Bergen des Himalaja abhebt, dem natürlichen Hintergrund der Stadt.

Ein 1300 Jahre altes Gebäude

Der erste Palast stammte aus dem 7. Jahrhundert. Durch Blitzeinschläge, Plünderungen und Kriege wurde er mehrmals beschädigt und schließlich im 17. Jahrhundert wieder aufgebaut. Die Arbeiten begannen 1645 unter der Herrschaft des 5. Dalai-Lamas. In der Rekordzeit von knapp drei Jahren wurden die neun Stockwerke des Weißen Palastes, die auf den Ruinen des Vorgängerpalastes stehen, gebaut. Die vier Etagen des Roten Palastes wurden dagegen von 7000 Arbeitern und 1500 Künstlern errichtet.

Das schreckliche Geheimnis der Mönche

Der Dalai-Lama starb während der Bauarbeiten. Da die Mönche aus seiner Umgebung befürchteten, dass sein Tod die Arbeiten zum Stillstand bringen könnte, verheimlichten sie sein Ableben. Die Bauarbeiten dauerten zwölf weitere Jahre. Nach 50-jähriger Bauzeit wurde der Palast 1694 fertiggestellt. Nun erst wurde der Tod des Dalai-Lama bekannt gegeben. Sein Grab befindet sich heute im Roten Palast in der Gedenkhalle für den 5. Dalai-Lama. In der Halle steht ein großer Stupa. Der glockenförmige Bau ist 14 m hoch und komplett mit 3700 kg Gold überzogen

in 3700 m Höhe

sowie mit 20 000 Diamanten und Perlen verziert.

Tausende von Tempeln und Statuen

Innerhalb des Weißen Palastes liegen die Unterkünfte der Mönche, ein Gewirr verschiedener Räume. Im Roten Palast sind die dem Kult vorbehaltenen Räume untergebracht: Hallen für Zeremonien, Pagoden, Stupas und die Gräber der acht Dalai-Lamas. Auf zahlreichen Wandgemälden werden Episoden aus dem Leben Buddhas dargestellt. Insgesamt gibt es über 10 000 Tempel, das sind Orte im Palast, an denen Buddha geehrt wird. Sie sind mit insgesamt 200 000 Statuen geschmückt. Auf halber Höhe des Potala liegt die Sonnenlichthalle. Sie verdankt ihren Namen der Tatsache, dass die Sonne zu jeder Tageszeit hineinscheinen kann. Hier wohnte und arbeitete der Dalai-Lama.

Eine der unzähligen, kunstvoll verzierten Buddha-Statuen im Potala

Der Potala-Palast ist zum UNESCO-Weltkulturdenkmal erklärt worden. Seit den 1990er-Jahren wird er restauriert.

Ein Palast ohne Oberhaupt

Der derzeitige 14. Dalai-Lama wurde 1938 im Alter von drei Jahren erwählt. Im Jahr 1959 musste er den Potala verlassen, nachdem die chinesische Armee neun Jahre zuvor in Tibet einmarschiert war. Seither lebt der Dalai-Lama in Indien im Exil. Heute ist nur ein kleiner Teil des gewaltigen Palastes für Besucher zugänglich. Es leben dort noch einige tibetische Mönche unter Aufsicht chinesischer Soldaten.

Die Verbo

Die Verbotene Stadt in Peking war rund 500 Jahre lang Sitz der chinesischen Kaiser.

Die Verbotene Stadt im Zentrum Pekings wurde seit dem 15. Jahrhundert ausschließlich aus Holz errichtet. Während ihrer Blütezeit lebten hier etwa 10 000 Menschen.

Ganz genau 9999 Räume

Die Verbotene Stadt wird so genannt, weil sie von einfachen Bürgern und Ausländern nicht betreten werden durfte. Die riesige Anlage im Herzen der chinesischen Hauptstadt bedeckt eine Fläche von 720 000 m². Sie ist von einer 10 m hohen und 3,5 km langen Mauer und einem 50 m breiten Wassergraben umgeben. Hinter der gewaltigen Mauer liegen unzählige Paläste und andere Gebäude wie Tempel, Werkstätten, Bibliotheken usw., die insgesamt 9999 Räume haben. Nach der Legende durfte nämlich nur der Himmel einen Palast mit 10 000 Räumen haben. Schätzungen zufolge waren eine Million Arbeiter an ihrer Errichtung beteiligt.

Eine Stadt aus Holz

Der dritte Kaiser der Ming-Dynastie Yongle gab den Bau der Stadt um 1406 in Auftrag. Die Bauzeit betrug ungefähr 14 Jahre. Alle Gebäude wurden ausschließlich aus Holz errichtet. Die Fichtenstämme für die Pfeiler und das Dachgebälk stammten aus einem 1500 km von Peking entfernten Wald. Die gefällten Stämme wurden in einen Fluss gerollt und trieben den Rest des Weges mit der Strömung bis nach Peking. Die Mauern und Pfeiler wurden rot gestrichen, da Rot die kaiser-

Die Baumeister der Verbotenen Stadt folgten bei ihrem Bau sehr strengen geometrischen Regeln.

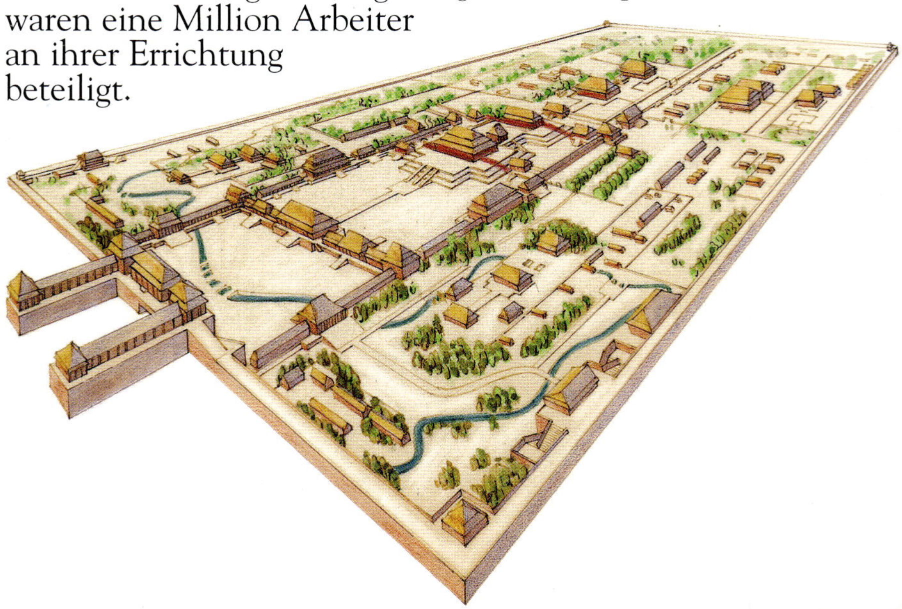

tene Stadt

liche Macht symbolisierte. Die Dächer waren gelb, denn Gelb galt als die Farbe des Kaisers.

Wer lebte in der Stadt?

Die Stadt war in zwei Teile unterteilt. In der Privatresidenz des Kaisers und seiner Familie stehen die schönsten Gebäude mit den kunstvollsten Verzierungen. Hunderte von Skulpturen, Gemälden, Porzellanvasen, Lackmöbeln usw. zieren die Räume. Zur kaiserlichen Anlage gehören ebenfalls Gärten und Wasserspiele. Im anderen Teil der Stadt waren lange Zeit die Gemahlinnen des Kaisers sowie Diener und Beamte untergebracht. Hier befinden sich auch die Bibliotheken, die Tempel, die Ställe und die Werkstätten. Ungefähr 10 000 Menschen lebten und arbeiteten im Kaiserpalast.

Der letzte Kaiser

Der letzte Kaiser von China bestieg den Thron 1908 im Alter von zwei Jahren und regierte bis zu seiner Absetzung 1912. Im Jahr 1924 wurde er gezwungen, die Verbotene Stadt zu verlassen. Er kehrte nie mehr zurück.

Vieles ist zerstört

Die Holzbauten des Kaiserpalastes sind empfindlich. Im Laufe der Jahrhunderte richteten Feuer und Plünderungen große Schäden an. Die heute noch erhaltenen Gebäude stammen aus dem 19. Jahrhundert. Sie wurden nach dem Vorbild der ursprünglichen Bauten errichtet, um deren Charme zu bewahren. Die Verbotene Stadt wurde ab 1925 als Museum für die Öffentlichkeit zugänglich gemacht, doch Ende der 1930er-Jahre gelangten viele Reichtümer nach Taiwan.

Die „Halle der höchsten Harmonie“ besitzt zwei übereinanderliegende Dächer. Sie beherbergte den Thronsaal des Kaisers. In der 37 m hohen Halle empfing er Besucher.

Versailles, das Schloss

Unter Ludwig XIV. lebten und arbeiteten zwischen 3000 und 10 000 Menschen im Schloss von Versailles. Unter ihnen waren Höflinge, Soldaten, Diener und Gesinde.

Das Schloss von Versailles wurde vom französischen König Ludwig XIV. in Auftrag gegeben. Als eines der größten Schlösser aller Zeiten sollte es der Welt die Macht des Sonnenkönigs demonstrieren.

Ein kleines Jagdschloss wird zum Palast

Heute ist das Schloss von Versailles ein riesiger Palast von über 700 m Länge mit mehreren Flügeln, einer Kapelle, einer Oper und hunderten von Räumen, die prachtvoll mit Marmor, Gold, Spiegeln und Gemälden ausgeschmückt sind.

Ursprünglich gab es in Versailles nur eine kleine Jagdhütte, die Ludwig XIII., der Vater von Ludwig XIV., bauen und anschließend in ein kleines Schloss umwandeln ließ. Dorthin konnte er sich nach der Jagd in den Wäldern der Umgebung zurückziehen.

Die Veränderungen

Ab 1661 regierte Ludwig XIV. Frankreich. Der König gab eine Erweiterung des Schlosses in Auftrag. 1663 schlug der Architekt Louis Le Vau vor, das alte Schloss mit einem Palast in Form eines U zu umgeben. 1678 fügte der neue Architekt Jules Hardouin-Mansart zwei lange Flügel zu beiden Seiten des Palastes hinzu. Auf ihn sind auch die Ställe, die riesige Küche, die Kapelle und vor allem der prunkvolle Spiegelsaal zurückzuführen.

Spiegel für den Sonnenkönig

Der Spiegelsaal ist äußerst eindrucksvoll. Er ist 73 m lang und befindet sich im ersten Stock des Schlosses auf der Parkseite neben den Gemächern des Königs und der Königin. Damit möglichst viel Licht hineinströmen konnte, ließ der Architekt 17 große Fenster zum Garten hin anlegen.

des Sonnenkönigs

Für den Spiegelsaal ließ Ludwig XIV. riesige Spiegel von französischen Handwerkern herstellen, um deren Kunstfertigkeit zu zeigen.

An die gegenüberliegenden Wände hängte er 17 riesige Spiegel, die tagsüber das Sonnenlicht reflektierten und nachts das Licht der Kristallleuchter mit ihren unzähligen Kerzen vervielfachten. Die Ausschmückung des Deckengewölbes übernahm Charles Le Brun. Es zeigt Ludwig XIV. in all seinem Ruhm.

Feudale Gartenanlagen

Ludwig XIV. betraute André Le Nôtre mit der Gestaltung der Gärten. Gegenüber dem Spiegelsaal legte der Gartenarchitekt eine Reihe großer Wasserbecken mit Bronzeskulpturen in ihrer Mitte an. Etwas weiter entfernt liegt der große Kanal, fast 2 km lang und 62 m breit, den der König zuweilen an Bord einer Gondel befuhr. Über 300 Statuen zieren die Gärten. Eine Maschine mit Schaufelrädern wurde in der Seine installiert, die das für die Brunnen und Wasserspiele nötige Wasser liefern sollte. Über ein einfallsreiches System wurden 259 Pumpen angetrieben, die das Wasser der Seine ansogen. Durch hunderte von Kanälen wurde es zu den Gärten von Versailles geleitet.

Über 20 000 Arbeiter

In der Umgebung des Schlosses ließ der König auch sein Lustschloss Trianon errichten. Zwischen 20 000 und 30 000 Arbeiter sollen 20 Jahre lang mit den Bauarbeiten beschäftigt gewesen sein.

Königlicher Prunk

Ludwig XIV. wollte für sein Schloss nur die erlesensten Baumaterialien: einen Thron aus Silber, Möbel aus Edelhölzern, mit Gold- und Silberfäden sowie Seide gestickte Wandteppiche und Marmor in allen Farben aus sämtlichen Regionen Frankreichs und Italiens. Für Versailles war nur das Beste gut genug. Der König empfing dort hohe Gäste und veranstaltete prunkvolle Feste, Theateraufführungen usw.

Mehr als 100 Hektar Park- und Gartenfläche laden zu einem Spaziergang ein.

Neuschwanstein,

Schloss Neuschwanstein zieht heute jedes Jahr über eine Million Besucher an, die sich von seiner Pracht verzaubern lassen.

Die drei Schlösser, die nach den Vorstellungen König Ludwigs II. von Bayern im 19. Jahrhundert erbaut wurden, verzaubern bis heute Besucher. Kein Wunder, dass Schloss Neuschwanstein als Vorlage für das Märchenschloss im Walt-Disney-Film **Dornröschen** ***diente.***

Vom Mittelalter fasziniert

Ludwig II. wurde im Alter von 19 Jahren König von Bayern. Seit seiner Kindheit interessierte er sich für das Mittelalter, seine Legenden und die Heldentaten der Ritter. Der König war außerdem ein großer Liebhaber der Oper, vor allem der Opern des Komponisten Richard Wagner.

Ein Stein gewordener Traum

Es war das Schloss seiner Träume und seiner Fantasie: eine Burg mit vielen Türmen, in der die Welt des Mittelalters wiederaufleben und die Opern seines Freundes Wagner den richtigen Rahmen finden konnten. Ludwig beauftragte den Architekt Eduard Riedel mit den Entwürfen für sein Schloss. Im September 1869 nahmen 200 Arbeiter die Bauarbeiten auf. Als Standort wählte der König einen zerklüfteten Felsen in knapp 1000 m Höhe inmitten der wunderschönen Alpenlandschaft. Der Ort war schwer zugänglich. An gefährlichen Steilwänden begannen die Bauarbeiten. Zunächst wurde eine Plattform an der Stelle der alten Burgruine errichtet, die sich auf dem Gipfel befunden hatte. Mit Pferden- und Ochsenkarren wurden die Baumaterialien an den Fuß der Baustelle transportiert. Von Dampfmaschinen angetriebene Kräne beförderten sie auf die Gerüste.

Übermäßiger Luxus

Das ganze Schloss strotzt vor Prunk und Pracht. Der Thronsaal als größter Saal im Schloss wird von einem 900 kg schweren Kronleuchter mit 96 Kerzen erhellt. Den Boden ziert ein Mosaik aus 2 Millionen Steinchen. Für musikalische Darbietungen und Opern war der Sängersaal vorgesehen, dessen

das Märchenschloss

Der Sängersaal ist einer der imposantesten Säle des Schlosses.

Kassettendecke aus Fichtenholz für eine perfekte Akustik sorgt. Das Arbeitszimmer des Königs wurde mit einem Telefon ausgestattet, einem in jener Zeit hochmodernen und noch wenig verbreiteten Gerät. Eine weitere revolutionäre technische Neuerung war die ausgeklügelte Zentralheizung mit Warmluft für das gesamte Schloss.

Hohe Schulden

Ludwig II. gab rückhaltlos Geld aus und scheute nicht davor zurück, sich hoch zu verschulden. Trotzdem musste der König auf einige seiner Wünsche verzichten wie zum Beispiel auf einen Thron aus Gold und Elfenbein, Verkleidungen aus echtem Marmor (durch Stuck ersetzt) und einen 90 m hohen Turm. Er war untröstlich, dass Richard Wagner noch immer nicht nach Neuschwanstein gekommen war und kein einziges Konzert bisher in seinem prächtigen Sängersaal stattgefunden hatte. Aufgrund des Geldmangels verzögerten sich die Bauarbeiten. Das Schloss wurde nie vollendet.

Der Welt entrückt

Trotz finanzieller Schwierigkeiten ließ Ludwig II. zwei weitere Schlösser bauen. Eines der beiden, Schloss Herrenchiemsee, besitzt sogar einen noch längeren Spiegelsaal als sein architektonisches Vorbild Versailles. Seine Schlösser brachten Ludwig II. kein Glück. Er zog sich immer häufiger in die Einsamkeit zurück und ging nur selten und meist nachts aus. Im Juni 1886 wurde er von der Regierung entmündigt, verhaftet und nach Schloss Berg am Starnberger See gebracht. Dort fand man ihn und seinen Arzt wenige Tage später leblos im See treibend. Bis heute ist es ein Rätsel, wie die beiden Männer gestorben sind. Schloss Neuschwanstein wurde kurze Zeit später für Besucher geöffnet.

An dem Baldachin aus Eiche für das königliche Bett sollen 14 Künstler vier Jahre lang geschnitzt haben.

Die Freiheitsstatue

Die Freiheitsstatue war ein Geschenk des französischen Volkes an die Amerikaner. Auf der Tafel in ihrer linken Hand steht das Datum 4. Juli 1776. Es ist der Tag der amerikanischen Unabhängigkeitserklärung.

Seit über einem Jahrhundert ist die Freiheitsstatue sowohl das Wahrzeichen der Stadt New York als auch das der USA.

Eine beachtliche technische Leistung

Im ausgehenden 19. Jahrhundert war es eine wahrhaft große Leistung, eine 46,50 m hohe Freiheitsstatue mitten in Paris zu bauen, sie in Einzelstücken nach Amerika zu transportieren und dort auf der Insel Bedloe's Island (heute Liberty Island) im Hafen von New York aufzubauen. Der französische Bildhauer Auguste Bartholdi stellte sich dieser Herausforderung.

Die Idee zur Statue

Bartholdi kam die Idee zum Bau der Statue in den 1860er-Jahren. Er wollte sie den USA zum 100. Jahrestag der Unabhängigkeitserklärung vom 4. Juli 1776 schenken. Die Statue sollte die Freiheit darstellen, die sich von den Ketten der Sklaverei befreit und mit der Fackel in ihrer rechten, nach oben gereckten Hand Licht in die Welt bringt. Im Jahr 1874 begann der Bildhauer mit der Arbeit. Bartholdi fertigte Tonmodelle an und sammelte bei den Franzosen Geldspenden für das Kunstwerk.

Vom Modell zur Statue

Als Material für die Statue wählte Bartholdi Kupferblech, das wenig Gewicht hat und leicht formbar ist. Doch wie konnte man für die einzelnen Blechsegmente, die zusammengesetzt die Statue ergeben sollten, jeweils die richtige Form finden? Der Bildhauer vergrößerte zunächst sein Ausgangsmodell. Er fertigte ein Modell aus Gips an, das ein Viertel der endgültigen Größe hatte. Nun wurde jeder Teil der Statue genau vermessen. Anhand dieser 9000 Maße stellten seine Mitarbeiter Holzmodelle in der Originalgröße her. Die Formgebung des Kupferblechs konnte beginnen. Die Arbeit dauerte jedoch länger als geplant und zum 100. Jahrestag der Unabhängigkeitserklärung 1876 konnte Bartholdi nur ein Stück der Statue schicken – die Fackel, die auf der Weltausstellung von Philadelphia ausgestellt wurde.

von New York

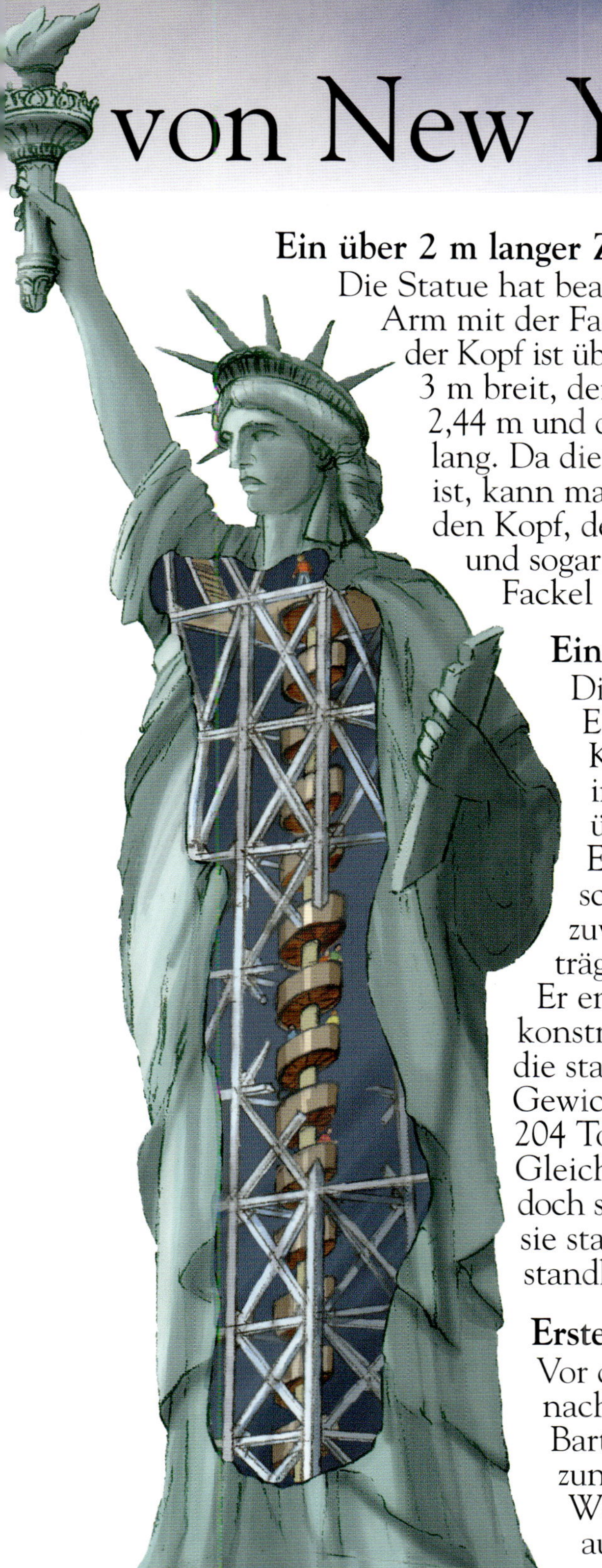

Ein über 2 m langer Zeigefinger

Die Statue hat beachtliche Maße: Der Arm mit der Fackel ist 12 m lang, der Kopf ist über 5,20 m hoch und 3 m breit, der Zeigefinger ist 2,44 m und die Nase fast 1,50 m lang. Da die Statue innen hohl ist, kann man sie begehen und den Kopf, den Kopfschmuck und sogar die Flammen der Fackel erklimmen.

Ein Skelett aus Eisen

Die Konstruktion des Eisenskeletts, das die Kupferstatue von innen stützen sollte, übernahm Gustave Eiffel. Der französische Ingenieur hatte zuvor schon Eisenträgerbrücken gebaut. Er entwarf eine Unterkonstruktion aus Stahl, die stark genug war, das Gewicht der Statue von 204 Tonnen zu tragen. Gleichzeitig war sie jedoch so nachgiebig, dass sie starken Winden standhalten konnte.

Erster Aufbau in Paris

Vor dem Transport nach New York wollte Bartholdi die Statue zunächst in seiner Werkstatt in Paris aufstellen. Nachdem alles perfekt passte, wurde die Statue abgebaut und die Teile in 214 Kisten verstaut. Die Ladung wurde mit dem Zug nach Rouen und von dort nach New York verschifft, wo sie 1885 ankam.

Ein Jahr Wartezeit

Am Ziel angekommen war das Sockelgebäude aus Beton, auf dem die Skulptur stehen sollte, noch nicht fertiggestellt. Ein weiteres Jahr verging, bis die Freiheitsstatue schließlich am 28. Oktober 1886 eingeweiht wurde. Insgesamt benötigte Auguste Bartholdi zwölf Jahre, bis er sein einzigartiges Unternehmen abschließen konnte.

Seit den Anschlägen vom 11. September 2001 ist die Statue für Besucher nicht mehr zugänglich.

Ein eiserner Gigant:

Der Eiffelturm ist das Wahrzeichen von Paris. Er trägt den Namen seines Erbauers Gustave Eiffel, der ihn für die Weltausstellung von 1889 schuf. Mit 300 m Höhe war er das seinerzeit höchste von Menschen geschaffene Bauwerk.

Heute sind im Eiffelturm zahlreiche Boutiquen und Restaurants untergebracht.

Die öffentliche Meinung

Der Eiffelturm ist heute das Wahrzeichen der französischen Hauptstadt Paris. Gebaut wurde er anlässlich der Weltausstellung von 1889. Doch kaum wurde aus 700 Vorschlägen das Turmprojekt ausgewählt, entrüsteten sich die Bürger von Paris. Ihrer Meinung nach war der Turm überaus hässlich und ein Schandfleck für ihre Stadt. Für sie war es nur eine Frage der Zeit, wann er wieder abgebaut werden würde. Doch schon bald nach seiner Vollendung drängte sich die Pariser Bevölkerung am Turm und wollte den grandiosen Blick auf Paris von seiner Spitze aus genießen. Der Turm war gerettet. Im Jahr 1906 erhielt er unerwartet eine neue Funktion, als auf seiner Spitze Sendeantennen der Rundfunkanstalten installiert wurden. Ab 1935 kamen auch Fernsehantennen hinzu.

Schwindelerregende Zahlen

Die Zahlen des Bauwerks sprechen für sich: Bei seiner Erbauung war der Turm 300 m hoch, mit Antennen erreicht er 324 m; er besteht aus 18 038 schmiedeeisernen Teilen, die mit 2,5 Millionen Nieten zusammengefügt wurden; sein Gesamtgewicht beträgt 10 100 Tonnen, was dem Gewicht von zwölf Hochgeschwindigkeitszügen entspricht; jeder Pfeiler hat eine Seitenlänge von 25 m und

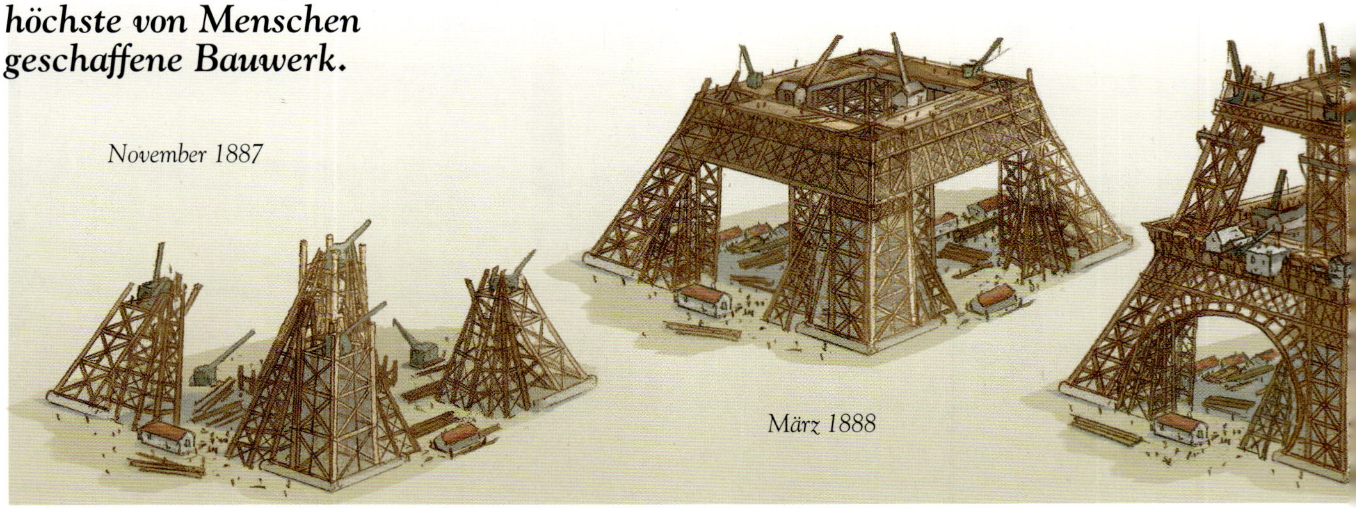

November 1887

März 1888

der Eiffelturm

zur Spitze führen 1665 Stufen. Der Turm benötigt alle sieben Jahre einen neuen Anstrich; dabei werden 60 Tonnen Farbe verbraucht. Bei heftigen Winden kann sich die Spitze um 6 bis 7 cm zur Seite neigen. Bei starker Hitze dehnt sich das Eisen aus und der Turm neigt sich bis zu 20 cm zur Seite. Seit seiner Erbauung waren über 215 Millionen Besucher auf dem Eiffelturm.

Kurze Bauzeit

Nachdem das Projekt von Gustave Eiffel den Zuschlag bekommen hatte, ging alles sehr schnell. Ingenieure und Zeichner fertigten 5300 Zeichnungen an, Metallgießer formten die einzelnen Stücke und etwa 100 schwindelfreie Arbeiter waren auf der Baustelle tätig. Nach der Fertigstellung der Fundamente für die vier Pfeiler begann der Aufbau der Stützen am 1. Juli 1887. Der gesamte Turm war am 30. März 1889 vollendet. Angesichts der technischen Möglichkeiten jener Zeit war die kurze Bauzeit eine große Leistung. Der Turm wurde am 15. Mai 1889 eingeweiht.

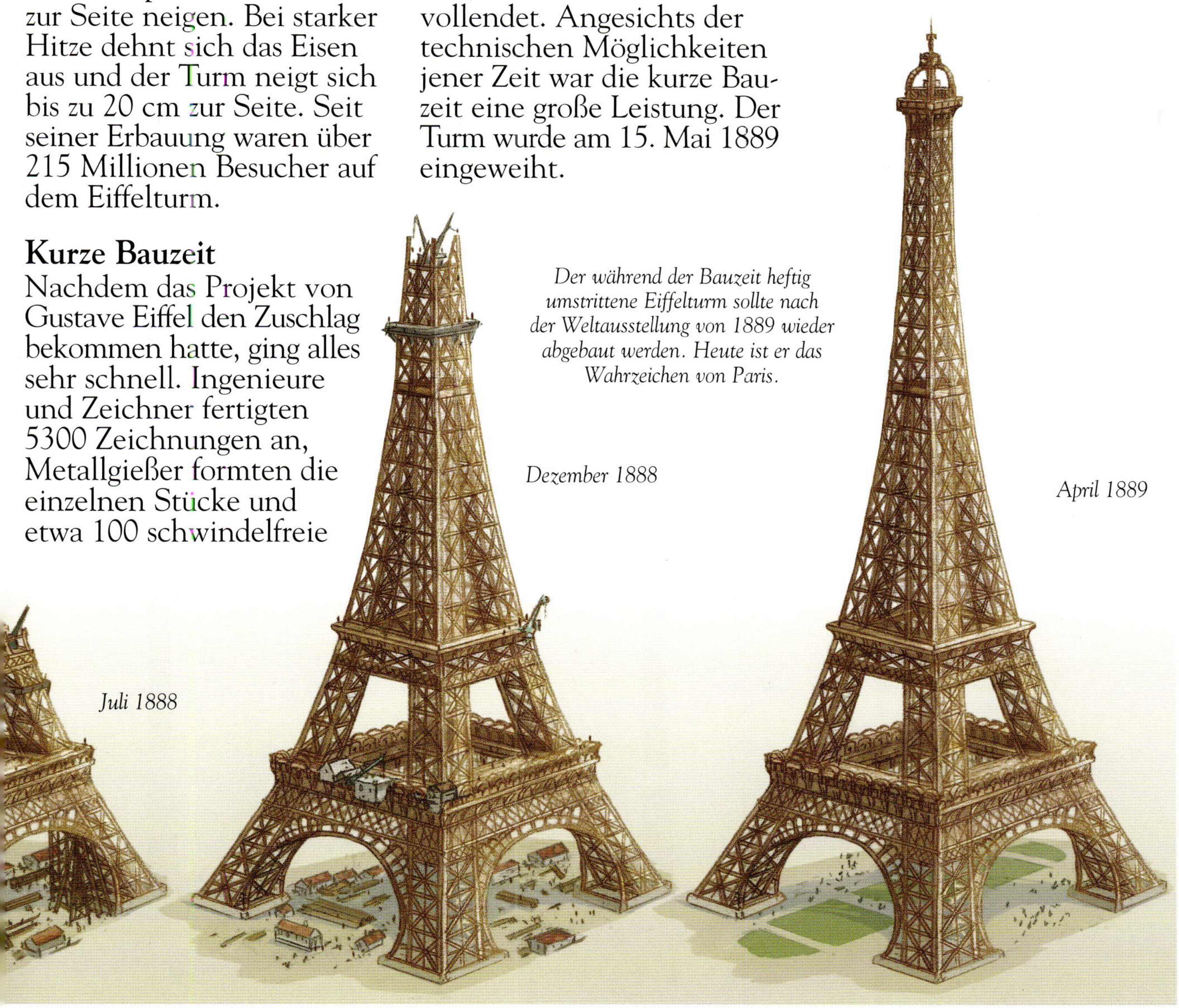

Bis zum ersten Stockwerk arbeiteten die Arbeiter auf riesigen Holzgerüsten, später diente der Turm selbst als Gerüst. Mit zwei kleinen Mobilkränen wurden die Bauteile nach oben befördert. Je höher der Turm wurde, umso höher kamen auch die Kräne.

Der während der Bauzeit heftig umstrittene Eiffelturm sollte nach der Weltausstellung von 1889 wieder abgebaut werden. Heute ist er das Wahrzeichen von Paris.

Sagrada Familia

Die mit keiner anderen Kathedrale vergleichbare Sagrada Familia in Barcelona ist die einzigartige Schöpfung des Architekten Antonio Gaudí. Die gewaltige Kirche ist eines der erstaunlichsten Bauwerke des 20. Jahrhunderts.

Ein unvergleichlicher Architekt

Auf den ersten Blick erscheint die Kirche im Herzen Barcelonas in Spanien als riesige Baustelle mit in den Himmel ragenden Kränen. Ihre hohen Türme mit den durchbrochenen Spitzen sind reich mit Mosaiken geschmückt und die Fülle fantastischer Formen macht sie zu einem einzigartigen Bauwerk.

Das Werk eines jungen Architekten

Der Bau der Kirche, die der Heiligen Familie (*Sagrada Familia* auf Spanisch) geweiht ist, wurde um 1880 beschlossen und einem Architekten anvertraut, der eine Kirche im gotischen Stil entwarf. Nach einem Zerwürfnis mit den Stiftern des Baus überließ er die Baustelle Antonio Gaudí, einem seiner Schüler. Der erst 31-jährige Architekt veränderte die ursprünglichen Pläne grundlegend. Sein Kirchenbau sollte eine Art riesiges Buch werden, das vom Leben Jesu Christi erzählt.

Symbolträchtig

Gaudí sah für das Gebäude drei Fassaden vor: Die Ostfassade, die in Richtung des Sonnenaufgangs weist, war der Darstellung der Geburt Christi vorbehalten. Die Südseite, auf der die Sonne ihren höchsten Stand hat, wurde dem Jüngsten Gericht gewidmet. Im Westen, wo die Sonne untergeht, war schließlich Jesu Leidensweg und sein Tod am Kreuz thematisiert. Jede Fassade hatte nach Gaudís Plänen

die Unvollendete

vier bis zu 115 m hohe Türme, deren Summe auf die zwölf Apostel, die Jesus zur Seite standen, verweisen sollten. Den 170 m hohen Hauptturm wollte Gaudí mit vier Türmen umgeben, ein Sinnbild für das Wort Christi, das durch die Schriften der vier Evangelisten Matthäus, Lukas, Markus und Johannes in aller Welt verkündet wird.

Jugendstil

Im Werk Gaudís finden sich viele Elemente des Jugendstils. Typisch für diesen Stil ist das Fehlen gerader Linien. Gaudí hatte eine ausgeprägte Vorliebe für verschlungene Linien und Formen aus der Natur, die er Pflanzen und Tieren abschaute (zum Beispiel Schneckenhäusern).

Mit Fahrstühlen kann man in einigen Türmen bis zur Spitze fahren und den wunderbaren Blick auf die Stadt genießen.

Diese Zeichnung zeigt, welche Gebäudeteile bereits fertiggestellt sind und wie das Gesamtbauwerk einmal aussehen wird.

Ein Leben auf der Baustelle

Von dem Zeitpunkt an, da er die Leitung des gewaltigen Projektes übernahm, widmete sich Gaudí völlig dem Bau und besaß vor Ort eine kleine Werkstatt, in der er seine Entwürfe unablässig überarbeitete. Im Jahr 1926 wurde er von einer Straßenbahn erfasst und starb. Er hinterließ unzählige Entwürfe und Skizzen, nach denen der Bau weitergeführt werden konnte.

Ein Jahrhundert Arbeit

Während des Bürgerkriegs, der Spanien 1936 erschütterte, wurden die Bauarbeiten unterbrochen und erst 1952 wieder aufgenommen. Leider waren in der Zwischenzeit viele von Gaudís Zeichnungen zerstört worden. Dennoch gelang es 1985, die Westfassade zu vollenden. Die Fertigstellung der gesamten Kirche ist für das Jahr 2026 geplant.

Die große Mo

Das ausschließlich aus Lehm errichtete Gebäude der großen Moschee in der afrikanischen Stadt Djenné in Mali muss jedes Jahr neu verputzt werden. Die gesamte Bevölkerung beteiligt sich an dieser Arbeit.

Djenné, eine Insel im Fluss

Die Stadt Djenné liegt an der Grenze zwischen Wüste und Savanne. Sie wurde im 3. Jahrhundert gegründet und steht an den Ufern des Niger. Während der Regenzeit ist sie vollkommen vom Wasser eingeschlossen.

Die erste Moschee

Im Jahr 1180 trat der König von Djenné Koi Kunboro zum Islam über. Um die religiösen Feste feiern zu können, ließ er seinen Palast abreißen und stattdessen eine Moschee bauen. Das in Lehmbauweise errichtete Gebäude trug jedes Jahr während der Regenzeit von Juli bis Oktober schwere Schäden davon. Die Maurer mussten das Bauwerk daher regelmäßig ausbessern. Dennoch überstand die Moschee die Jahrhunderte. Leider wurde sie zu Beginn des 19. Jahrhunderts von den Gläubigen weniger besucht und verfiel zusehends.

Wiederaufbau der Moschee

Im Jahr 1906 wurde der Neubau der Moschee nach dem Vorbild des alten Gebäudes beschlossen. Die Maurer besaßen allerdings keinerlei Dokumente über die Architektur der Vorgängermoschee. Deswegen sammelten sie Beschreibungen der älteren Mitbürger und begannen mit dem Bau. Knapp ein Jahr später war die neue Moschee fertiggestellt.

schee von Djenné

Der Banco-Stil

Die Moschee von Djenné ist eines der erstaunlichsten Bauwerke Schwarzafrikas. Die dicken Mauern, in die Palmzweige gesteckt wurden, die drei etwa 20 m hohen Türme und die großen spitzen Pfeiler sind allesamt ausschließlich aus Lehm errichtet. Die Lehmbauweise nennt man auch Banco-Stil. Lehm gibt es am Flussufer in Hülle und Fülle. Er wird mit fein gehacktem Stroh und Kuhfladen und manchmal auch mit Fett, das aus dem Samen des Schibutterbaums gewonnen wird, vermischt. Daraus werden Ziegel geformt, die man in der Sonne trocknen lässt. Auf die fertige Mauer wird anschließend ein Lehmputz aufgebracht.

1000 Jahre altes Wissen

Die Maurer von Djenné sind weit über die Grenzen ihres Landes hinaus berühmt. Sie überliefern ihre Bautechnik seit fast 1000 Jahren von Generation zu Generation. Vor jedem Baubeginn sagen sie magische Formeln auf, die die Arbeiter vor Unfällen schützen und den Bau nach seiner Fertigstellung vor dem Einsturz bewahren sollen.

Das Verputzen – ein Fest

Jedes Jahr waschen die Regenfälle einen Teil des Lehmputzes der Moschee ab. Die Wände müssen daher neu verputzt werden. Diese Arbeit wird während der Trockenzeit bei einem großen Fest verrichtet. Die Mädchen bringen Wasser, die Jungen kneten den Lehm mit ihren Füßen und bringen ihn den Maurern, die auf Leitern klettern und den Lehm mit den Händen auf den Mauern verstreichen. Abschließend überprüfen die älteren Maurer, ob sauber gearbeitet wurde.

Jedes Jahr helfen die Einwohner von Djenné und der Umgebung beim Verputzen der Moschee. Dabei werden die Schäden behoben, die während der Regenzeit entstanden sind.

Die Oper

Die wunderschönen weißen Schalen, die im Hafenbecken von Sydney zu treiben scheinen, erinnern an Segel, Muscheln oder Haifischflossen.

Detailansicht eines Operndaches, das im Sonnenlicht schimmert. Eine Million aus Schweden importierte Keramikfliesen fangen das Licht ein und reflektieren es. Je nach Tageszeit erstrahlt das Gebäude in verschiedenen Farben.

Manche sehen in dem Opernhaus ein Schiff mit geblähten Segeln, andere vergleichen es eher mit riesigen Muscheln. Die Erbauer des Opernhauses von Sydney in Australien mussten bei ihrer Arbeit so manche Hürde überwinden.

So groß wie vier Fußballfelder

Sydneys Wahrzeichen erhebt sich knapp über dem Wasser im Hafenbecken der Stadt im Süden Australiens. Die Gebäudeteile erinnern in mehrfacher Hinsicht an die Welt der Meere: Sie gleichen den Schnäbeln von Möwen, vom Wind geblähten Segeln, Haifischflossen, Muscheln oder auch anbrandenden Wellen. Unter den in der Sonne strahlenden Dächern verbergen sich fünf verschiedene Theater. Das größte ist die Konzerthalle mit etwa 2700 Sitzplätzen. Das Operntheater zählt 1500 Plätze. Hinzu kommen vier Restaurants, sechs Bars und eine Bibliothek. Das Gebäude bedeckt eine Fläche, die der Größe von vier Fußballfeldern entspricht.

Teile aus Stahlbeton

Die internationale Ausschreibung im Jahr 1955 gewann das Projekt des dänischen Architekten Jörn Utzon. Sehr früh musste er seine Pläne jedoch überarbeiten, da die von ihm vorgesehenen Formen technisch nicht zu verwirklichen waren. Der Bau wurde 1959 begonnen und ein gewaltiges Fundament aus Beton sowie ein Großteil der Theater angelegt. Im Anschluss daran mussten die kolossalen Schalen errichtet werden. Sie bestehen aus Stahlbeton – vor Ort geformten Betonsegmenten, die mit Stahl bewehrt wurden. Die Betonteile wurden auf ein muschelförmiges

von Sydney

Der Bau der Oper verlief alles andere als reibungslos. Der Architekt Utzon musste seine ursprünglichen Pläne aus technischen Gründen mehrmals überarbeiten. Nach Unstimmigkeiten mit der australischen Regierung verließ er die Baustelle vor Abschluss der Arbeiten.

Metallgerüst gelegt, mit Stahldraht verbunden und zusätzlich verklebt. Nach der Fertigstellung einer Schale konnte das Gerüst abgebaut werden. Insgesamt wurden 2000 Betonteile aneinandergefügt. Das in den Beton eingelassene Drahtgeflecht wurde so gestaltet, dass es den starken Winden der Region standhalten kann.

Eine Million Fliesen

Eine Verkleidung aus weißen und beigefarbenen Keramikfliesen verleiht dem Opernhaus seinen strahlenden Glanz. Wegen der runden Schalenformen konnten nur sehr kleine Fliesen verwendet werden; sie sind sogar kleiner als eine Streichholzschachtel. Die insgesamt eine Million Fliesen wurden aus Schweden importiert.

Mehrschichtige Fensterflächen

Durch die Muschelform entstanden sehr große Fensteröffnungen, deren Verglasung aus drei Schichten bestehen. Eine Kunststoffschicht soll vor Hitze und Lärm schützen. Über 2000 der dreischichtigen Fensterflächen wurden nach Maß in 700 verschiedenen Formen angefertigt und eingesetzt.

Explodierende Kosten

Nach 14-jähriger Bauzeit wurde die Oper im Oktober 1973 endlich eröffnet. Der Architekt hatte sein Werk jedoch nicht selbst vollendet. Nach einem Zerwürfnis mit der australischen Regierung über die Durchführung der Bauarbeiten verließ Jörn Utzon Sydney im Jahr 1966. Eine Gruppe australischer Architekten übernahm die Gestaltung der Innenräume. Das Gebäude kostete letztlich das 14fache des ursprünglich veranschlagten Preises!

Herausragende Akustik

Oberhalb der Bühne ließ der Architekt in der Konzerthalle eine Decke aus Birkensperrholz anbringen. Die Holzelemente, die Ähnlichkeit mit einem Kokon haben, sorgen für eine perfekte Akustik. Die Orgel der Konzerthalle besitzt über 10 000 Pfeifen und gehört damit zu den größten Orgeln der Welt.

Das Guggenheim

Die spektakuläre Architektur des Guggenheim Museums im spanischen Bilbao erinnert an ein Segelschiff, ein Raumschiff oder einen Wal aus Metall. In dem 1997 eröffneten Museum sind monumentale Skulpturen der Moderne ausgestellt.

Vierjährige Bauzeit

Der berühmte Architekt des Museums ist der Amerikaner Frank O. Gehry. Er musste große Räume schaffen, in denen riesige Skulpturen Platz finden. Daher plante er ein 200 m langes und 50 m hohes Gebäude mit einer Gesamtfläche von 24 000 m², was der Größe von 2,5 Fußballfeldern entspricht. Das gigantische Gebäude reicht bis unter das Brückengeländer der Hängebrücke über den Fluss Nervíon. Baubeginn war 1991, Fertigstellung 1997.

Computergestützt

Frank O. Gehry spielte mit den Formen, indem er gerade Linien mit spitzen Ecken und weichen Kurven verband. Einige seiner Gebilde sind so komplex, dass er für die Entwürfe auf Computerprogramme zurückgriff, die für den Flugzeugbau entwickelt wurden.

Tausende von metallischen Fischschuppen

Ein Skelett aus Stahl stabilisiert den Museumsbau, dessen Außenwände aus 33 000 Titan-Platten bestehen. Titan ist ein silberweißes Metall, das im Flugzeugbau eingesetzt wird. Die Platten sind nicht dicker als ein Blatt Papier und sehen aus wie Fischschuppen. In ihnen spiegelt sich das Wasser des Flusses Nervíon, der am Fuß des Museums vorbeifließt. Die Oberfläche des Gebäudes schimmert daher in ständig wechselnden Farben. Fast könnte man glauben, dass es sich bewegt.

Als großes, schimmerndes Schiff aus Metall erscheint das Museum für moderne Kunst in Bilbao. Es wurde speziell für monumentale moderne Skulpturen errichtet.

Museum in Bilbao

Das Museum wurde mit glänzenden Titan-Platten verkleidet.

19 Ausstellungsräume mit Tageslicht

Die 250 Ausstellungsstücke des Museums werden in 19 Räumen gezeigt. In sämtliche Ausstellungsräume fällt Tageslicht. Um die Kunstwerke vor den Sonnenstrahlen zu schützen, wurden die Fensterflächen speziell behandelt.

Empfang durch ein seltsames Tier

Eine riesige Spinne aus Bronze und Stahl empfängt die Besucher am Eingang des Guggnheim Museums. Die 9 m hohe Skulptur überrascht und beunruhigt auch ein wenig. Sie wurde 1999 von der französischen Künstlerin Louise Bourgeois geschaffen.

Guggenheim, der Kunstliebhaber

Das Museum trägt den Namen Guggenheim zum Gedenken an Solomon R. Guggenheim. Er war ein reicher amerikanischer Industrieller, der einen Teil seines Vermögens in eine großartige Sammlung von Gemälden und Skulpturen von Künstlern des 20. Jahrhunderts steckte. Seit seinem Tod setzt eine nach ihm benannte Stiftung sein Werk fort. Mit ihrer Hilfe konnten in New York, Venedig, Berlin und Bilbao Museen für moderne Kunst eröffnet werden.

Eine riesige Spinne beherrscht den großen Platz vor dem Guggenheim Museum in Bilbao.

Kühne Wunder

Der Pont du Gard besteht aus drei übereinanderliegenden Brücken: die erste ist 142 m lang und 20 m hoch, die letzte ist 275 m lang und 7 m hoch. Ursprünglich war die Brücke Teil eines Aquädukts, das die Stadt Nîmes mit Wasser versorgte. Damit das Wasser fließen konnte, hatte das Aquädukt ein leichtes Gefälle.

Seit tausenden von Jahren werden Brücken gebaut, damit die Menschen Flüsse und Schluchten gefahrlos überqueren können.

Pont du Gard: drei Brücken in einer

Vor rund 2000 Jahren bauten die Römer den Pont du Gard im Süden Frankreichs mit seinen 64 Rundbögen aus Stein. Der spektakuläre Bau war keine Straßenbrücke, sondern Teil eines 50 km langen Aquädukts, über das Wasser in die Stadt Nîmes geleitet wurde. Die Aquäduktbrücke musste hoch genug sein, damit sie das Tal mit dem kleinen Fluss Gardon überspannen konnte. Sie sollte 275 m lang und 49 m hoch werden, was der Höhe eines 18-stöckigen Hauses entspricht. Die Römer fanden eine geniale und doch einfache Lösung: Sie bauten drei Brücken übereinander.

Die Entdeckung des Bogens

Die Bauweise mit runden Bögen stammt möglicherweise aus Mesopotamien. Dank des runden Gewölbes kann ein Bogen wesentlich schwerere Lasten tragen als ein gerader Querträger. Etwa um das Jahr 200 v. Chr. erfanden die Römer die Technik des Bogenbaus mit behauenen Steinen. Mithilfe der

werke: Brücken

von den Griechen entworfenen Hebelkräne perfektionierten sie die Technik des Rundbogenbaus.

Jeder Stein an seinem Platz

Erster Schritt bei den Bauarbeiten war die Errichtung eines hölzernen Leergerüsts in der Form des Bogens. Die Steine wurden sehr sorgfältig behauen, sodass sie genau aneinander passten und einen perfekten Bogen bildeten. Wenn der letzte Stein in der Mitte (Schlussstein) gesetzt war, konnte das Gerüst abgebaut werden. Jeder Stein des Pont du Gard scheint eine Nummer besessen zu haben, die seinen genauen Platz im Gesamtwerk angab.

6 Tonnen schwere Kalkblöcke

Kalkstein ist weich und leicht zu behauen. Dennoch hatten die Römer vermutlich Schwierigkeiten mit dem Transport der größten Blöcke, die ein Gewicht von bis zu 6 Tonnen hatten. Die sichtbaren Seiten der Steine wurden nicht geschliffen, während die an andere Steine angrenzenden Seiten sehr glatt sind. Das war sehr wichtig, da die Blöcke ohne Mörtel oder Klammern aneinandergefügt wurden.

Die Römer arbeiteten mit Hebelkränen, die von griechischen Baumeistern erfunden worden waren.

Aufgegeben, verfallen, restauriert

Die Brücke wurde im 1. Jahrhundert v. Chr. erbaut. Genaue Angaben über die Bauzeit und die Anzahl der Arbeiter auf der Baustelle sind nicht überliefert. Das Bauwerk wurde bis ins 7. Jahrhundert als Aquädukt genutzt und diente später noch als Talbrücke. Im Mittelalter wurden die Pfeiler der zweiten Ebene an ihrer Basis verjüngt, um einen besseren Verkehrsfluss zu gewährleisten. Obwohl die Brücke dadurch instabiler wurde, hielt sie. Lediglich einige Rundbögen der dritten Ebene verschwanden im Laufe der Zeit. Dank der Instandsetzungsarbeiten im 19. Jahrhundert blieb das Meisterwerk erhalten.

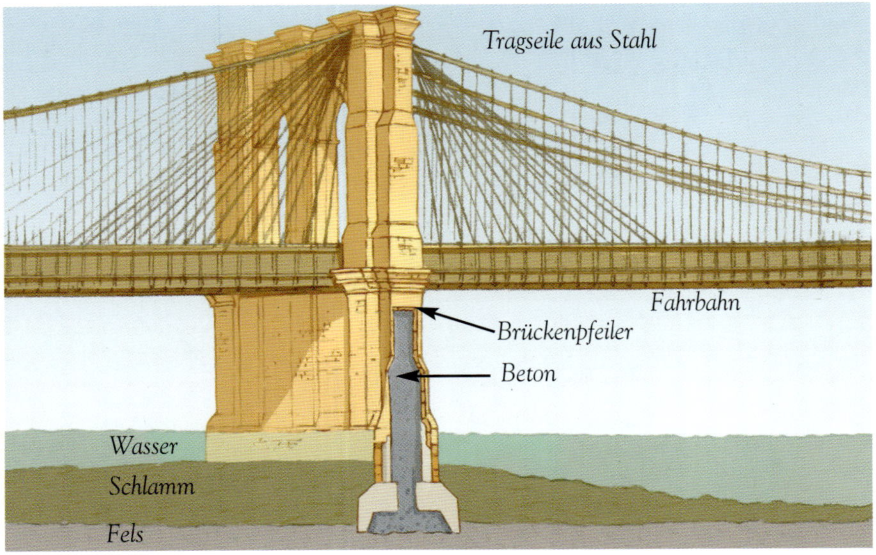

Jeder Brückenpfeiler steht auf einem stählernen Senkkasten, der mit Beton gefüllt wurde, um das Fundament zu stabilisieren.

Brooklyn Bridge

Die Straßenbrücke überspannt den East River und verbindet die New Yorker Stadtteile Manhattan und Brooklyn. Ihre Erbauung wurde im Jahr 1867 beschlossen. Sie musste nicht nur lang, sondern auch hoch genug sein, damit die großen Segelschiffe jener Zeit unter ihr hindurchfahren konnten. Der Ingenieur John August Roebling entwarf eine Hängebrücke mit Stahlseilen 41 m hoch über dem Wasser.

Wie eine Brücke aus Lianen

Hängebrücken entstanden nach dem Vorbild von Fußgängerbrücken aus Lianen oder Seilen. Die Fahrbahn liegt nicht mehr auf Brückenpfeilern und Bögen auf, sondern hängt an Tragseilen, die an den Ufern des Flusses fest verankert sind. Seit Beginn des 19. Jahrhunderts wurden mehrere Hängebrücken gebaut, doch keine hatte die Spannweite der Brooklyn Bridge: 486 m führen über den Fluss, die Gesamtlänge beträgt 1091 m.

Wasser und Schlamm trotzen

Die Arbeiten begannen 1869 mit der Errichtung der beiden steinernen Brückenpfeiler, die rund 82 m aus dem Fluss herausragen. Dafür waren solide Fundamente unter Wasser nötig. Zunächst wurden riesige Senkkästen aus Stahl gebaut. Damit kein Wasser eindringen konnte, wurde permanent Druckluft in die Kästen geblasen. Die Arbeiter in den Stahlgehäusen schafften den Schlamm heraus. Als sie in 30 m Tiefe auf Fels stießen, wurden die Senkkästen mit tausenden Tonnen Beton gefüllt.

Brooklyn Bridge

Heute wird die Tower Bridge nur noch dreimal am Tag hochgeklappt. Die Hebe- und Senkvorrichtungen sind in den beiden Türmen untergebracht.

Tragfähigkeit

Nach sieben Jahren Arbeit wurden insgesamt 10 000 km Drahtseil aus Stahl zwischen den beiden Brückenpfeilern gespannt und an den Ufern verankert. Die Ingenieure hatten bei der Berechnung der Tragfähigkeit der Materialien große Schwierigkeiten. Um jedes Risiko auszuschließen, spannten sie mehr Tragseile als nötig und berechneten die Dicke der Stahlträger großzügig. Dann konnte der Bau der Fahrbahn beginnen. Im Jahr 1883 wurde die Brücke eingeweiht.

Tower Bridge, die erste moderne Klappbrücke

Trotz ihres mittelalterlichen Aussehens ist die Tower Bridge in London eine moderne Brücke aus dem 19. Jahrhundert. Als 1876 der Bau der Brücke über die Themse beschlossen wurde, war klar, dass der Fluss für die großen Segelschiffe weiterhin befahrbar sein musste und eine Steinbrücke im Stil des benachbarten Towers von London gebaut werden sollte. Der Architekt Horace Jones hatte eine geniale Idee: Er wollte eine Brücke aus zwei Teilen errichten, die sich wie eine Zugbrücke hochklappen ließen. Seine Pläne verwirklichte er mithilfe von Dampfmaschinen. Jeder Teil der beweglichen Fahrbahn ist etwa 30 m lang und wiegt 1200 Tonnen. Zum Heben und Senken wird die Kraft zweier Dampfmaschinen über ein Räderwerk auf die beiden Fahrbahnteile übertragen. Es dauert wenig mehr als eine Minute, bis die Brücke hochgeklappt ist. Mittlerweile wurden die Dampfmaschinen durch Elektromotoren ersetzt.

Der Viaduc de Millau

Die 2004 eröffnete Autobahnbrücke aus Beton und Stahl führt über ein Tal im französischen Zentralmassiv. Sie ist die höchste Brücke der Welt. Der höchste Brückenpfeiler (343 m) ist 20 m höher als der Eiffelturm. Auf der Baustelle waren bis zu 600 Arbeiter beschäftigt. Bei ihren Berechnungen nutzten die Ingenieure zum Teil Satellitentechnik.

Der Eurotunnel:

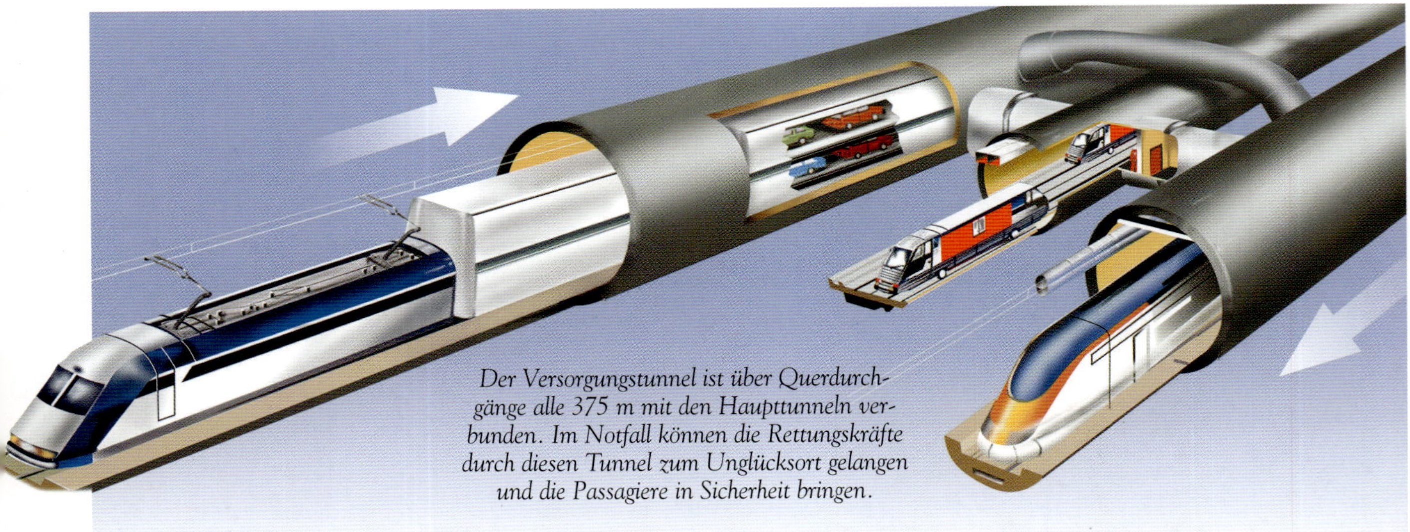

Der Versorgungstunnel ist über Querdurchgänge alle 375 m mit den Haupttunneln verbunden. Im Notfall können die Rettungskräfte durch diesen Tunnel zum Unglücksort gelangen und die Passagiere in Sicherheit bringen.

Der nach siebenjähriger Bauzeit im Jahr 1994 eröffnete Tunnel unter dem Ärmelkanal verbindet Frankreich mit Großbritannien. Der Eurotunnel gilt als eines der bedeutendsten Bauprojekte des 20. Jahrhunderts.

Der längste Untermeeres-Tunnel

Der Eurotunnel hat eine Gesamtlänge von 50 km, 37 km davon verlaufen unter dem Meer. Er hat nicht nur eine Tunnelröhre, sondern drei: zwei Verkehrstunnel für die Züge und einen Versorgungstunnel in der Mitte, in dem Wartungs- und Rettungsdienste verkehren. An der schmalsten Stelle des Ärmelkanals mussten insgesamt also mehr als 150 km Tunnel gegraben werden. Die Tunnel liegen 40 m unter dem Meeresboden in einer Schicht aus weichem Kalkstein.

Ein 200 Jahre altes Projekt

Schon seit langem gab es Pläne für einen Tunnel zwischen Frankreich und Großbritannien, weil die Überquerung des Kanals per Schiff vom Wetter abhängig ist. Bereits 1802 legte der Ingenieur Albert Mathieu dem französischen König Napoleon III. Entwürfe für einen Tunnel vor, in dem Postkutschen verkehren sollten. Seit 1960 diskutierten Franzosen und Briten die alte Idee erneut. Schließlich wurde das Projekt 1984 von der britischen und der französischen Regierung ausgeschrieben und in die Tat umgesetzt.

Verschiedene Arten von Zügen

Drei Arten von Zügen rollen durch den Tunnel: Pendelzüge, so genannte Shuttles, die Autos, Lastwagen und Busse in speziellen Waggons transportieren; klassische Güterzüge für den Warentransport; und schließlich die Eurostar-Personen-Schnellzüge. Mit dem Eurostar dauert die Fahrt von Paris nach London nur noch 2 Stunden 20 Minuten. Ein Eisenbahntunnel ist für die Züge von Frankreich nach Großbritannien reserviert, im anderen

die Jahrhundertbaustelle

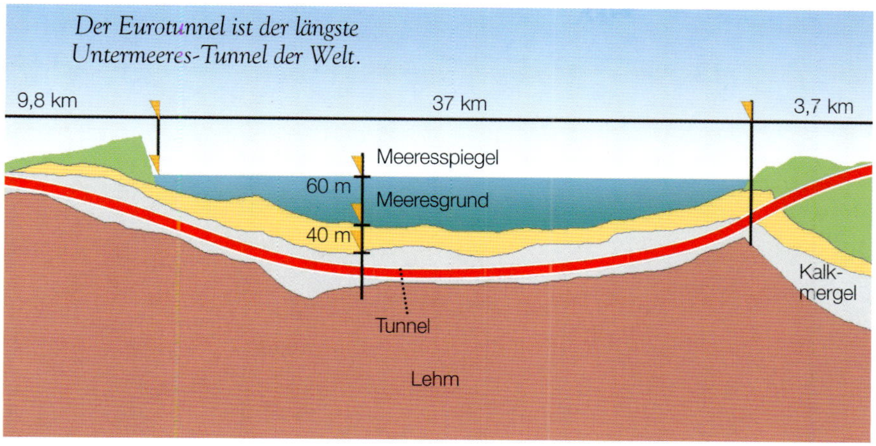

verkehren die Züge in entgegengesetzter Richtung.

Speziell entwickelte Tunnelbohrmaschinen

In Japan eigens für das Projekt entwickelte Tunnelbohrmaschinen gruben die Tunnelröhren. Die größten dieser technischen Mammutgeräte waren 7,60 m hoch und 250 m lang. Tunnelbohrmaschinen arbeiten in drei Schritten: Sie bohren sich mit ihrem rotierenden, mit Zähnen bewehrten Bohrkopf in das Gestein; der entstehende Schutt (Abraum) wird über ein Förderband abtransportiert; der dritte Arbeitsgang besteht in der Auskleidung der Tunnelwände mit vorgefertigten Betonteilen. Pro Tag arbeitet sich eine solche Maschine 75 m im Gestein vor.

Begegnung unter dem Meer

Zunächst wurde der Versorgungstunnel gebohrt. Die Briten begannen damit im Dezember 1987, die Franzosen im Februar 1988. Das Vorrücken der Tunnelbohrmaschinen wurde per Satellit gesteuert. Am 1. Dezember 1990 trafen die Tunnelhälften aufeinander.

Millionen von Passagieren

Am 1. Juni 1994 rollten die ersten Züge durch den Tunnel. Die Züge fahren mit einer Geschwindigkeit von 140 km/h und benötigen 35 Minuten ohne Be- und Entladen der Fahrzeuge. Im Jahr 2005 benutzten über 15,5 Millionen Passagiere, 2 Millionen Autos und 1,4 Millionen Lastwagen und Busse den Tunnel.

QUERSCHNITT DURCH EINE TUNNELBOHRMASCHINE

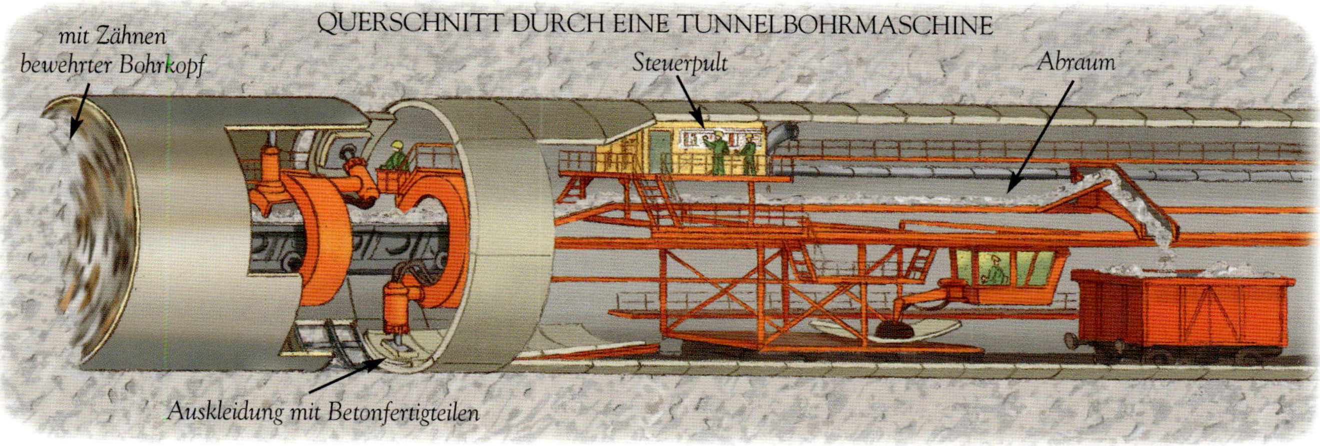

Ein Stadion für

Der Superdome in New Orleans ist das größte Stadion der Welt, das vollkommen geschlossen ist.

Beim Bau von gewaltigen Wettkampfstätten, die Platz für große Zuschauermengen bieten, beweisen Architekten und Ingenieure viel Kühnheit. Das größte aller Stadien wurde in Brasilien, dem Land des Fußballs, errichtet.

Knapp 200 000 Zuschauer im Maracaña-Stadion

In Brasilien, das bereits mehrmals die Fußball-Weltmeisterschaft gewann, wurde das größte Stadion der Welt gebaut. Das Maracaña-Stadion in Rio de Janeiro hatte ursprünglich ein Fassungsvermögen von knapp 200 000 Zuschauern. Damit bot es mehr als dreimal so vielen Menschen Platz wie das neue Münchner Fußballstadion. Der Rekord wurde 1950 mit 199 854 Zuschauern aufgestellt.

Zweijährige Bauzeit

Das Stadion wurde zur Fußball-Weltmeisterschaft von 1950 erbaut. Zehntausend Arbeiter waren zwei Jahre lang auf der Baustelle beschäftigt. Sie errichteten 60 Y-förmige Pfeiler, die die 32 m hohen Zuschauerränge abstützten. Das gesamte Stadion ist aus Stahlbeton gebaut. Im Laufe der Zeit verschlechterte sich jedoch der bauliche Zustand des Stadions. Als 1992 ein Zaun umstürzte, kamen drei Fans ums Leben. Danach wurde umgebaut und die maximale Zuschauerzahl auf 103 045 verringert. Seitdem hat das Aztekenstadion in Mexiko-Stadt die meisten Zuschauerplätze.

Das gewaltige Maracaña-Stadion in Brasilien

viele Zuschauer

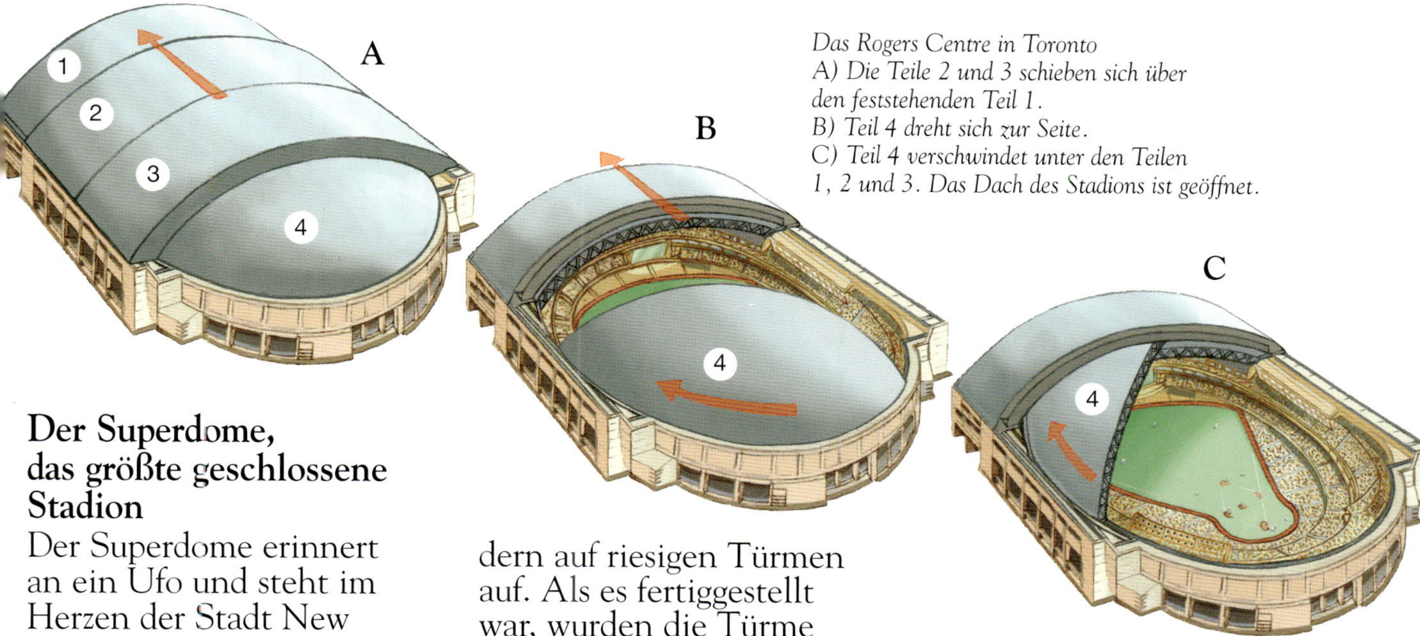

Das Rogers Centre in Toronto
A) Die Teile 2 und 3 schieben sich über den feststehenden Teil 1.
B) Teil 4 dreht sich zur Seite.
C) Teil 4 verschwindet unter den Teilen 1, 2 und 3. Das Dach des Stadions ist geöffnet.

Der Superdome, das größte geschlossene Stadion

Der Superdome erinnert an ein Ufo und steht im Herzen der Stadt New Orleans in den USA. Er hat sich seinen Namen wohl verdient, denn er ist das größte Stadion der Welt, das vollkommen geschlossen ist. Bei jedem Wetter können 70 000 Zuschauer ein American Football-Spiel oder ein gigantisches Rockkonzert verfolgen. Knapp 30 000 elektrische Lampen beleuchten den Innenraum. Die Kuppel ist das größte aus Stahl erbaute Dach und bedeckt eine Oberfläche von vier Hektar, was der Fläche von vier Fußballfeldern entspricht. Während der Erbauung zwischen 1971 und 1975 lag das Dach nicht auf den Stadionmauern, sondern auf riesigen Türmen auf. Als es fertiggestellt war, wurden die Türme abgesenkt, bis die Kuppel ihren endgültigen Platz eingenommen hatte.

Vom Hurrikan beschädigt

Im August 2005 diente der Superdome während des Hurrikans Katrina, der die Region heimsuchte, als Notunterkunft für Zehntausende von Bewohnern. Leider deckten die mit 240 km/h brausenden Stürme auch Teile des Daches ab, sodass Regen in das Stadion fiel.

Das größte Schiebedach der Welt

Im kanadischen Toronto stellten sich die Architekten Rod Robbie und Michael Allan der Herausforderung, ein Stadion für 54 000 Menschen, dessen Dach geöffnet und geschlossen werden kann, zu bauen. Sie konstruierten ein Kuppeldach aus vier Teilen, von denen drei beweglich sind. Die Dachteile lagern auf Rädern in Schienenführungen. Wenn das Dach des Rogers Centres bei gutem Wetter geöffnet wird, schieben sich die drei beweglichen Teile in nur 20 Minuten über das vierte, das fest installiert ist. Das gesamte Dach ist 3000 Tonnen schwer, besteht aus Stahl und ist mit einer Schutzmembran aus Kunststoff überzogen.

Kanäle von

Beim Bau des Sueskanals wurden Dampf-Schaufelradbagger eingesetzt.

Jedes Jahr fahren 15 000 Schiffe durch den Sueskanal, also etwa 40 Schiffe täglich.

Es war nicht einfach, Wasserstraßen durch die ägyptische Wüste und die Gebirge Mittelamerikas anzulegen. Dank dieser großartigen Leistungen sparen die Seeleute auf ihren Fahrten heute tausende von Kilometern.

Der Sueskanal

Die 163 km lange Wasserstraße verbindet das Mittelmeer mit dem Roten Meer (siehe Karte). Man gelangt durch den Sueskanal von Europa nach Asien, ohne zuvor Afrika umrunden zu müssen. So verkürzt sich die Strecke um etwa 8000 km. Der französische Ingenieur Ferdinand de Lesseps zeichnete die Pläne für das Kanalprojekt und leitete den Bau von 1859 bis 1869. Die Idee zu einem Kanal gab es jedoch schon wesentlich früher: Den ägyptischen Pharaonen gelang es bereits im 7. Jahrhundert v. Chr., einen Kanal vom Roten Meer zum Nil anzulegen. Er versandete jedoch zunehmend und wurde immer mehr vernachlässigt, bis er im 7. Jahrhundert n. Chr. aufgegeben wurde.

Eine gewaltige Baustelle

Da das Gelände eben war, mussten keine Schleusen angelegt werden. Die Sandmenge, die entfernt werden musste, war jedoch enorm: Sie entsprach der Größe von 30 Cheopspyramiden. Mit Hacken und Schaufeln gingen tausende von Ägyptern ans Werk, bis

Die Durchfahrt durch den Sueskanal dauert zwischen 11 und 16 Stunden.

Ozean zu Ozean

Es mussten sechs gewaltige Schleusen gebaut werden, damit der Kanal die Berge der Landenge von Panama durchqueren konnte.

eine Cholera-Epidemie viele Arbeiter dahinraffte. Lesseps setzte daraufhin neue, mit Dampf betriebene Maschinen ein, die mit jeder ihrer Schaufeln große Mengen Sand förderten.

Der Panamakanal

Nachdem die Arbeiten am Sueskanal erfolgreich abgeschlossen waren, machte sich Ferdinand de Lesseps daran, einen weiteren Kanal anzulegen: Die nur 60 km breite Landenge von Panama in Mittelamerika trennt den Atlantischen vom Pazifischen Ozean. Eine Wasserstraße sollte den Seefahrern die rund 15 000 km lange Umrundung Südamerikas ersparen.

Lesseps gab auf

Beim Bau des Kanals stellte sich heraus, dass das Vulkangestein nicht so leicht entfernt werden konnte wie der Sand in Ägypten. Als das Geld knapp wurde, mussten die Arbeiten 1888 eingestellt werden.

Die Amerikaner eröffneten den Kanal

Die Amerikaner nahmen das Unternehmen 1903 mit 45 000 Arbeitern erneut in Angriff. Ihnen standen 100 Schaufelradbagger und über 500 Bohrer und Lokomotiven zur Verfügung. Sie sprengten den Stein, errichteten eine gewaltige Staumauer und legten sechs Schleusen an,

Jährlich benutzen ebenfalls 15 000 Schiffe den Panamakanal, also etwa 40 täglich.

um die unterschiedlichen Wasserhöhen auszugleichen. Der Panamakanal wurde 1914 eingeweiht.

Die Durchfahrt durch den Panamakanal dauert zwischen 8 und 12 Stunden.

Wolkenkratzer –

Die amerikanischen Städte New York und Chicago wurden im Laufe der Zeit zu eng für die ständig wachsende Bevölkerung. Mit Beginn des 20. Jahrhunderts wurde daher in die Höhe gebaut. Seither werden ständig neue Höhenrekorde aufgestellt. Neue Techniken ermöglichen den Architekten, immer höhere Wolkenkratzer in den Himmel zu bauen.

Das Empire State Building

Das Empire State Building in New York galt lange Zeit als höchstes Bauwerk der Welt. Im Jahr 1931 erbaut, wurde es über 40 Jahre lang von keinem anderen Gebäude übertroffen. Mit seinen 102 Stockwerken ist es 381 m hoch, mit der auf der Spitze aufgestellten Sendeantenne sogar 443 m. Es übertrifft das 319 m hohe Chrysler Building mit seinen 77 Stockwerken, das nur ein Jahr zuvor fertig gestellt wurde. Darüber hinaus hält es auch den Rekord der kürzesten Bauzeit: 40 Monate früher als vorgesehen war es schon nach 1,5 Jahren fertig.

Ein 58 000 Tonnen schweres Stahlgerüst

Wie alle Wolkenkratzer aus der ersten Hälfte des 20. Jahrhunderts besitzt auch

Das Empire State Building in New York

moderne Bauwunder

das Empire State Building ein Gerüst aus Stahlträgern. Dieses „Skelett“ hat viele Vorteile: Es ist problemlos aufzubauen, leicht und doch fest und kann dem Wind nachgeben, ohne zu brechen. Zunächst wurden im Boden 17 m tiefe Fundamente angelegt. Dann bauten die Monteure die Stahlträger des Turmes auf und schweißten sie mit kräftigen Nieten zusammen. Innerhalb von nur fünf Monaten war das Gerüst mit einem Gesamtgewicht von 58 000 Tonnen fertig gestellt. Anschließend wurden die Zwischenböden der Stockwerke mit Beton ausgegossen, die Innenwände aus Ziegeln errichtet und die Fassade mit Granit- und Kalksteinplatten verkleidet.

Die Petronas Towers in Kuala Lumpur in Malaysia

Schwindelfreie Arbeiter

Auf der Baustelle arbeiteten rund 3000 Handwerker, darunter viele Mohawk-Indianer. Sie waren schwindelfrei und konnten sich auch in großen Höhen sicher bewegen, auf den Trägern sitzen und den Kranführern winkend Anweisungen geben.

Hochhäuser wie Hochzeitstorten

Als die ersten Wolkenkratzer in Manhattan aus dem Boden wuchsen, wurde beschlossen, dass die oberen Stockwerke weniger breit als die unteren sein sollten, damit die Sonnenstrahlen weiterhin in die Straßenschluchten New Yorks fallen konnten. Daher erinnern viele der älteren Wolkenkratzer an mehrstufige Hochzeitstorten.

Die Petronas Towers

Die Petronas Towers in Kuala Lumpur in Malaysia sind 452 m hoch und besitzen 88 Stockwerke. Bei ihrer Fertigstellung im Jahr 1997 waren sie die höchsten Bauwerke der Welt. Zum ersten Mal wurde dieser Rekord nicht in Amerika, sondern in Asien aufgestellt. Jedes Stockwerk hat die Form eines achteckigen Sterns. Die Fassaden sind mit Stahlplatten und getönten Scheiben verkleidet, sodass die Büros vor den starken Sonnenstrahlen am Äquator geschützt sind. Zwischen dem 41. und 42. Stockwerk führt in 170 m Höhe eine Stahlbrücke von einem Wolkenkratzer zum anderen.

Der höchste Wolkenkratzer

Der in Taiwans Hauptstadt Taipeh errichtete Taipei 101 (nach seinen 101 Stockwerken benannt) ist seit 2004 der höchste Wolkenkratzer der Welt. Er überschritt auch als Erster die magische Höhenmarke von 500 m. Sein Gesamtgewicht wird auf 700 000 Tonnen geschätzt, das entspricht dem Gewicht von 70 Eiffeltürmen. Da Taiwan häufig von Erdbeben und Taifunen heimgesucht wird, dachten sich die Architekten ein einfallsreiches Schutzsystem aus: Zwischen dem 88. und 92. Stockwerk wurde eine 660 Tonnen schwere vergoldete Stahlkugel aufgehängt. Wenn ein Erdbeben oder ein heftiger Sturm das Gebäude erschüttert, wird die Kugel in Schwingung versetzt. Ihre Bewegung soll die Schwankungen ausgleichen. Der Taipei 101 besitzt auch die schnellsten Fahrstühle der Welt. Sie sind 60 km/h schnell und fahren in nur 40 Sekunden in den 89. Stock.

① ***Burj Dubai:*** *825 m, 2009 in Dubai erbaut*

② ***Taipei 101:*** *508 m, 2004 in Taiwan erbaut*

③ ***Petronas Towers:*** *452 m, 1998 in Kuala Lumpur (Malaysia) errichtet*

④ ***Sears Tower:*** *442 m, 1974 in Chicago (USA) erbaut*

⑤ ***Jin Mao Tower:*** *421 m, 1998 in Schanghai (China) eingeweiht*

⑥ ***Two International Finance Centre:*** *415 m, 2003 in Hongkong (China) erbaut*

⑦ ***Eiffelturm:*** *324 m, 1889 in Paris (Frankreich) erbaut*

Burj al Arab, das höchste Hotel der Welt

Es ist eines der faszinierendsten Bauwerke der Welt. Das am 1. Dezember 1999 in Dubai in den Vereinigten Arabischen Emiraten eröffnete Burj al Arab ragt mit seiner Silhouette in Form eines Segels 321 m hoch in den Himmel. Ein senkrechter Mast und zwei gebogene Stützpfeiler aus Stahlbeton verleihen dem höchsten Hotelgebäude der Welt sein charakteristisches Aussehen. Es wurde auf einer künstlichen Insel 260 m vor dem Strand errichtet. Die Fassade besteht aus Stahl, Glas und doppelschichtigem Teflon, einem leichten und sehr widerstandsfähigen Material. An der Spitze des Gebäudes wurde ein Hubschrauberlandeplatz angelegt. Für den Bau des Hotels mit seinen 60 Stockwerken wurden fünf Jahre benötigt. Es verfügt über insgesamt 202 Suiten. Die großzügigen Apartments besitzen allesamt zwei Etagen. Die kleinsten haben eine Fläche von 170 m^2 (Wohnfläche eines Hauses), die größten erreichen bis zu 780 m^2. Die riesige, ungeheuer hohe Hotellobby ist äußerst beeindruckend.

Verrückte Projekte

Die Jagd nach immer neuen Rekorden geht weiter. Für das Jahr 2008 ist die Fertigstellung des Wolkenkratzers Burj Dubai in den Vereinigten Arabischen Emiraten mit einer Höhe von fast 800 m geplant. Seine exakte Höhe wurde bislang noch nicht bekannt gegeben. Die Fundamente könnten 50 m tief in den Boden reichen. Im Jahr 2015 oder 2020 soll der Bionic Tower in Schanghai fertig gestellt sein: Geplant sind eine Höhe von 1228 m und 300 Stockwerke.

Das 321 m hohe, auf einer künstlichen Insel in Dubai erbaute Hotel Burj al Arab ist seit 1999 das höchste Hotel der Welt. Es besitzt großzügig angelegte Suiten und zählt zu den teuersten und besten Hotels.

Karte der

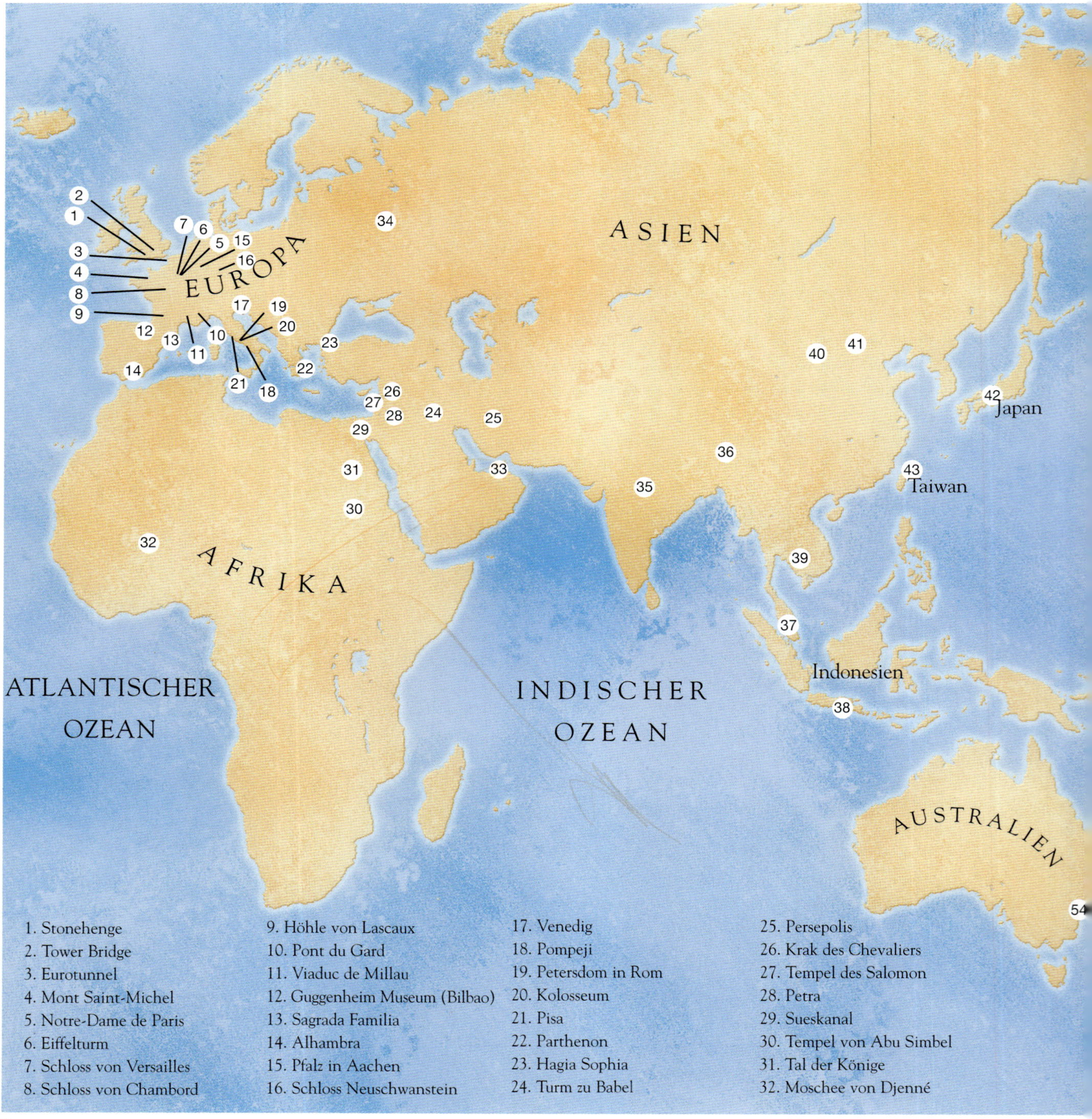

1. Stonehenge
2. Tower Bridge
3. Eurotunnel
4. Mont Saint-Michel
5. Notre-Dame de Paris
6. Eiffelturm
7. Schloss von Versailles
8. Schloss von Chambord
9. Höhle von Lascaux
10. Pont du Gard
11. Viaduc de Millau
12. Guggenheim Museum (Bilbao)
13. Sagrada Familia
14. Alhambra
15. Pfalz in Aachen
16. Schloss Neuschwanstein
17. Venedig
18. Pompeji
19. Petersdom in Rom
20. Kolosseum
21. Pisa
22. Parthenon
23. Hagia Sophia
24. Turm zu Babel
25. Persepolis
26. Krak des Chevaliers
27. Tempel des Salomon
28. Petra
29. Sueskanal
30. Tempel von Abu Simbel
31. Tal der Könige
32. Moschee von Djenné

Weltwunder

33. Hotel Burj al Arab
34. Kreml
35. Taj Mahal
36. Potala
37. Petronas Towers
38. Heiligtum von Borobudur
39. Tempel von Angkor Wat
40. Chinesische Mauer
41. Verbotene Stadt in Peking
42. Burg von Himeji
43. Taipei 101
44. Panamakanal
45. Pyramide von Teotihuacán
46. Grabstätte von Palenque
47. Machu Picchu
48. Maracaña-Stadion
49. Freiheitsstatue
50. Empire State Building
51. Brooklyn Bridge
52. Skydome
53. Superdome
54. Oper von Sydney

WORTERKLÄRUNGEN

Altar
Tisch, auf dem Opfergaben dargebracht oder Messen gefeiert werden. In vorchristlicher Zeit fanden darauf Tieropfer statt.

Basilika
Grundform des Kirchenbaus im Abendland. Häufig ruhen in ihr die Gebeine eines Heiligen, nach dem die Kirche benannt ist. Im Petersdom in Rom zum Beispiel (siehe S. 72–73) soll sich das Grab des heiligen Petrus befinden.

Beton
Mischung aus Sand, Kies, Zement und Wasser, die in eine Form gegossen wird. Bei der Herstellung von Stahlbeton werden ein Eisengitter oder Eisenstangen mit Beton ummantelt, wodurch das Material wesentlich belastbarer wird.

Bronze
Metall, das aus der Mischung von Kupfer und Zinn entsteht. Bronze ist auch ohne Erhitzen leicht formbar.

Campanile
Frei stehender Glockenturm, der neben der Kirche oder Kathedrale errichtet wurde, zu der er gehört. In Italien wurden besonders viele Exemplare gebaut. Der schiefe Turm von Pisa (siehe S. 62–63) ist der Campanile der benachbarten romanischen Kathedrale.

Fahrbahn
Im Text ist der Teil einer Brücke gemeint, über den die Autos fahren. Manche Fahrbahnen sind beweglich und können hochgeklappt werden wie bei der Tower Bridge in London (siehe S. 109).

Gips
Baumaterial, das aus einem Gestein (Gipsstein) gewonnen wird. Der Stein wird gemahlen und erhitzt. Mit Wasser vermischt wird Gips zum Verputzen von Wänden verwendet.

Gotik
Mittelalterlicher Baustil. Gotische Gewölbe laufen spitz nach oben zu, wodurch höher gebaut werden konnte und größere Fensteröffnungen möglich waren.

Griechisches Kreuz
Kreuz mit vier gleich langen Seitenarmen. Der Grundriss der Hagia Sophia im heutigen Istanbul (siehe S. 48–49) hat die Form eines griechischen Kreuzes.

Hochrelief und Flachrelief
Werk eines Bildhauers, bei dem die aus dem Stein gearbeiteten Figuren nicht frei stehen, sondern an ihren steinernen Hintergrund gebunden sind. Beim Hochrelief heben sich die Skulpturen deutlich vom Grund ab, beim Flachrelief dagegen nur wenig.

Jugendstil
Stilepoche des ausgehenden 19. und beginnenden 20. Jahrhunderts, die vor allem geschwungene Formen aus der Natur aufweist. Die Sagrada Familia in Barcelona (siehe S. 98–99) führt diesen Stil besonders gut vor Augen.

Kathedrale
In der Regel eine große Kirche, die in einer Stadt errichtet wurde. Sie ist der Sitz eines Bischofs oder Erzbischofs.

Lateinisches Kreuz
Kreuz mit einem längeren Arm und drei kurzen Armen. Der Grundriss der Kirche Notre-Dame in Paris (siehe S. 68–69) hat die Form eines lateinischen Kreuzes.

Marmor
Sehr hartes Gestein in verschiedenen Farben, das glänzt, wenn es

poliert wird. Marmor ist ein seltenes Gestein und daher sehr wertvoll. Noch heute wird er nur an besonderen Bauwerken verarbeitet.

Mausoleum
Grabtempel, der zu Ehren einer verstorbenen Person errichtet wird. Das Wort Mausoleum ist vom Namen des Königs Mausolos abgeleitet (S. 14–15).

Mörtel
Mischung aus Zement, Sand und Wasser, mit der die einzelnen Steine oder Ziegel aneinandergefügt und miteinander verbunden werden.

Querträger
Sturz aus Holz, Stein oder Beton oberhalb einer Tür oder eines Fensters.

Renaissance
Epoche nach dem Mittelalter ab dem 15. Jahrhundert. Die Kunst gewinnt in dieser Zeit große Bedeutung. Architekten, Maler und Bildhauer lassen die griechische und römische Antike wiederaufleben.

Romanik
Baustil im frühen Mittelalter. Kennzeichnend für diesen Stil sind die runden Tonnengewölbe. Die Romanik übernimmt viele architektonische Elemente aus der römischen Antike.

Sanktuarium
Raum in einem religiösen Gebäude, zu dem Laien keinen Zugang haben, zum Beispiel das Allerheiligste im Tempel des Salomon (siehe S. 30–31).

Stahl
Aus Eisen hergestelltes Metall, das durch verschiedene Veredelungsverfahren an Widerstandsfähigkeit gewinnt.

Strebebogen
Steinbogen an der Außenseite eines Gebäudes (zum Beispiel an gotischen Kathedralen) zum Abstützen der Mauern.

Strohlehm
Mischung aus Lehm und gehackten Pflanzenteilen, mit der Mauern errichtet werden.

Stuck
Mischung aus Kalk und Marmorpulver oder Kreide, mit der Wände verputzt werden. Stuck ist leicht formbar und ermöglicht sehr kunstvolle Verzierungen wie Rosetten oder Friese.

Therme
Badeanstalt, in der das Wasser aus natürlichen Heißwasserquellen stammt wie in Aachen (S. 66–67) oder über ein spezielles Heizsystem erhitzt wird.

Tragseil
Ein Stahlseil, über das die Fahrbahn einer Hängebrücke mit dem Brückenpfeiler verbunden ist. Der Viaduc de Millau (siehe S. 109) ist eine sogenannte Schrägseilbrücke.

Zement
Mischung aus verschiedenen natürlichen Substanzen wie Kreide und bestimmten Sandarten, die erhitzt und gemahlen werden.